어린이를 위한 지도로 보는 한국사
❶ 구석기 시대부터 후삼국 시대까지

2012년 11월 11일 초판 1쇄 발행
2017년 12월 18일 초판 2쇄 발행

글 | 김경복, 홍영분
감수 | 이이화
그림 | 강동훈
지도 | 임근선
펴낸이 | 나힘찬

기획위원 | 장종택, 신일철
마케팅총괄 | 고대룡
편집 | 노란돌 김지영
디자인 | 달님씨 문고은

펴낸곳 | 풀빛미디어
등록번호 | 제13호-518호
등록일자 | 1998년 1월 12일
주소 | 서울시 서대문구 북아현동 189-1 아주빌딩 2층
전화 | 02-733-0210   팩스 | 02-732-2025
홈페이지 | http://www.pulbitm.co.kr

ⓒ 김경복·홍영분, 2012

ISBN 978-89-88135-87-7 64900
ISBN 978-89-88135-86-0 (세트)

*저작권법에 보호받는 저작물이므로 무단 전재와 복제를 금합니다.
*책값은 뒤표지에 있습니다.
*잘못된 책은 구입하신 서점에서 바꾸어 드립니다.

구석기 시대부터 후삼국 시대까지

어린이를 위한
지도로 보는
한국사

글 김경복, 홍영분 / 감수 이이화 / 그림 강동훈 / 지도 임근선

차 례

4 처음 한반도에 산 사람들

6 농사와 정착 생활의 시작

8 지배자의 출현

10 우리 민족이 세운 첫 나라, 고조선

12 크고 작은 나라들

14 구석기 시대~고조선 역사, 한눈에 따라잡기

16 삼국의 건국

18 백제의 성장
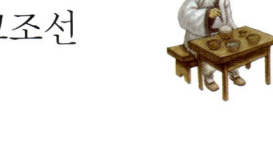

20 고구려의 팽창

22 신라의 발전

24 가야의 발전과 한계

26 국외에 떨친 고구려 문화

28 해상 왕국, 백제

일러두기

* '어린이를 위한 지도로 보는 한국사' 시리즈는 총 3권으로 구성되어 있으며, 1권은 구석기 시대부터 후삼국 시대까지, 2권은 고려 시대부터 조선 시대 중기까지, 3권은 조선 시대 후기부터 현대까지를 담았습니다.

* '어린이를 위한 지도로 보는 한국사' 시리즈는 지도와 함께 우리 역사를 알아 갈 수 있도록 구성했습니다. 역사의 시간적인 흐름과 공간적인 흐름을 지도를 통해 자연스럽게 배워 나갈 수 있습니다.

* '어린이를 위한 지도로 보는 한국사' 시리즈의 전체 구성은 우리 역사가 흘러온 시간 순이며, 각 권별로 21개의 주제를 선정해 펼친 면으로 배치해 놓았습니다.

* 우리 역사 속 중요한 시점을 구분해, 연대표인 '역사, 한눈에 따라잡기'를 담았습니다.

* 외래어는 국립국어원의 '외래어 표기 용례'에 따라 표기했습니다.

30 　신라의 불교문화

32 　고구려의 전쟁

34 　백제와 고구려의 멸망

36 　신라와 당나라의 전쟁

38 　발해의 건국

40 　통일 신라의 발전

42 　통일 신라의 대외 교류

44 　발해의 발전과 교류

46 　신라의 혼란과 후삼국 성립

48 　삼국 시대~후삼국 시대 역사, 한눈에 따라잡기

50 　찾아보기

52 　참고 자료와 사진 제공

* 이 책의 본문을 보는 방법은 아래와 같습니다.

① 각 펼친 면의 주제를 담은 제목입니다.
② 각 펼친 면에서 다룰 전반적인 내용이 담겨 있습니다.
③ 주제의 내용이 담긴 영역 지도가 담겨 있습니다. 지도는 어떤 지역에서 어떤 일이 일어났는지 알 수 있도록 구성했습니다.
④ 각 펼친 면의 주제에서 중요한 내용들을 뽑아 담았습니다.
⑤ 해당 주제에서 더 알아야 할 부분을 담아 놓았습니다.
⑥ 내용과 관련된 사진이 사진 설명과 함께 담겨 있습니다.

처음 한반도에 산 사람들

지금으로부터 약 70만 년 전, 사람들이 처음으로 한반도 땅을 밟았습니다. 빙하기에 황해가 육지로 변했기 때문에 걸어서 한반도까지 올 수 있었지요. 사람들은 무리를 지어 동굴이나 바위 그늘을 찾아 살기 시작했습니다. 동굴은 어둡고 축축하지만 비바람과 추위, 그리고 위험한 동물을 피할 수 있는 좋은 장소였습니다.
해가 뜨면 여자들은 너른 들판으로 나가 나무 열매를 따거나 식물 뿌리를 캤고, 남자들은 무리 지어 사냥을 다녔습니다. 그러다가 주변의 먹을거리가 떨어지면 새로운 보금자리를 찾아 나섰습니다.
당시 사람들은 도구를 사용했습니다. 처음에는 돌을 주워 사냥을 하거나 무엇을 캐는 데 썼지요. 그러다가 돌을 깨뜨려 쓰기 시작했습니다. 이때를 '구석기 시대'라고 합니다. 그 다음 '신석기 시대'에는 돌을 갈아서 사용했기 때문에 두 시대를 구분했습니다.

함경북도 웅기군 **굴포리**는 처음으로 우리나라에도 구석기 시대에 사람이 살았다는 것을 알려 준 유적지입니다.

평안남도 덕천시 **승리산 동굴**에서 약 10만 년 전 사람의 어금니와 어깨뼈가 나왔습니다. 또 약 4만 년 전에 산 것으로 생각되는 35세 정도인 남자의 아래턱뼈도 나왔습니다.

평양직할시 역포구역 **대현동 동굴**에서 13세 정도의 여자아이 머리뼈가 발견되었습니다.

평양직할시 승호구역 **만달리 동굴**에서 20~30세 정도인 남자의 머리뼈와 아래턱뼈가 나왔습니다.

평양직할시 상원군에 있는 **검은모루 동굴**에서 큰쌍코뿔이 뼈 화석이 발견되었습니다.

평양직할시 상원군 **용곡리 동굴**에서 35세 정도의 사람 머리뼈가 나왔습니다. 또한 뼈를 판판하게 갈아 짐승의 머리 모양같이 둥글게 만든 것도 있었습니다.

경기도 연천군 **전곡리**는 아시아에서 처음으로 주먹도끼가 발견된 곳입니다.

동 해

충청북도 제천시에 있는 **점말 동굴**에서 털코뿔이, 짧은꼬리원숭이, 동굴곰 등 20여 종의 동물 화석과 뼈연장, 석기 등이 나왔습니다.

황 해

충청북도 청원군 **흥수굴**에서는 약 4만 년 전에 산 것으로 생각되는 5세 정도의 어린아이 뼈가 나왔습니다. 이 뼈 화석을 '흥수아이'라고 부릅니다.

충청북도 단양군 적성면 **수양개**에서는 소뼈에 새긴 물고기 모양의 조각품이 나왔습니다.

충청남도 공주시 **석장리**에서 구석기 시대 막집터가 발견되었습니다.

충청북도 단양군 **금굴**은 전기 구석기 시대부터 청동기 시대까지 오랜 기간 동안 사람이 산 우리나라 선사 시대의 대표적인 유적입니다.

▲ 충청남도 공주시 **석장리 유적**

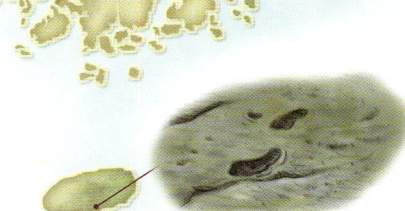

제주특별자치도 서귀포시 대정읍 **상모리**와 안덕면 **사계리 바닷가**에서 5만 년 전 사람의 발자국 화석 100여 점이 발견되었습니다.

여러 가지 뗀석기

구석기 시대에는 돌을 깨서 떼어 내 도구를 만들어 썼는데, 이를 '뗀석기'라고 합니다. 뗀석기는 주먹도끼를 비롯해, 긁개, 찍개, 찌르개, 자르개 등이 있습니다. 주먹도끼는 주먹으로 거머쥔 채, 자르고 찌르고 내리칠 수 있게 만든 것입니다. 긁개는 짐승의 가죽을 벗기거나 살을 떠내는 용도로 쓰였으며, 옆으로 긁어내듯 사용했습니다. 찍개는 나무를 다듬거나 짐승의 뼈를 깎고 살을 자르는 데 썼지요. 찍개의 날은 1개인 것도 있고, 2개인 것도 있습니다. 찌르개는 짐승을 찌르거나 가죽에 구멍을 뚫는 데 썼습니다. 자르개는 짐승의 살을 저미고 가죽을 자르는 데 썼습니다.

뗀석기 만드는 법

직접떼기: 한 손은 돌을 쥐고 다른 한 손은 돌망치를 쥔 다음, 돌을 직접 쳐서 만듭니다.

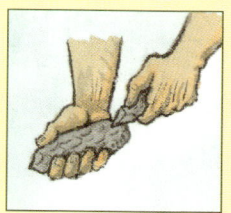
눌러떼기: 뿔이나 뼈로 만든 뾰족한 도구를 조각이나 돌날에 대고 눌러서 작은 조각을 떼어 냅니다.

간접떼기: 직접 돌을 치지 않고 뼈나 뿔을 대고 쳐서 만듭니다. 정교한 석기를 만들 수 있습니다.

모루떼기: 돌을 땅바닥에 있는 큰 모룻돌에 내리칩니다. 떼어진 조각을 쓸 수도 있고, 조각이 떨어져 나간 몸돌을 쓸 수도 있습니다.

▲ 주먹도끼, 국립중앙박물관 소장

▲ 슴베찌르개, 국립중앙박물관 소장

▲ 여러 가지 뗀석기, 국립중앙박물관 소장

구석기 시대 사람들은 어떻게 살았을까요?

구석기 시대 사람들의 보금자리는 주로 동굴이었어요. 동굴은 추위와 비바람, 그리고 사나운 짐승을 피하기에 알맞은 곳이었지요. 사람들은 밤이면 따뜻한 모닥불 주위에 둘러앉아 사냥해 온 고기를 구워 먹으며 추위를 녹였답니다.

구석기 시대에는 주로 채집으로 먹을 것을 구했습니다. 도구가 발달하지 않아 큰 동물을 잡기가 어려웠기 때문이지요. 그래서 사람들은 대부분 명아주나 쑥을 비롯해서 냉이, 고사리, 솔잎, 마, 칡, 도라지, 토란, 더덕, 대추, 밤, 도토리 등을 채집해서 먹었을 것으로 생각됩니다.

구석기 시대 사람들은 짐승 가죽을 벗겨 잘 말려 두었다가 바늘과 실로 옷을 지어 입었습니다. 부드러운 가죽을 얻기 위해 납작한 돌에 기름을 묻혀 여러 차례 문지르기도 했습니다.

농사와 정착 생활의 시작

지금으로부터 약 1만 년 전, 빙하가 녹으면서 한반도에는 따뜻한 날씨가 계속되었습니다. 들과 산에는 풀과 나무가 무성하게 자라고, 강에는 물고기가 많았지요. 당시 사람들은 먹을거리가 풍성한 큰 강가나 바닷가에 옹기종기 모여 살았습니다. 사람들은 작살이나 그물로 물고기를 잡고, 돌을 갈아 뾰족한 창이나 화살을 만들어 사냥을 했습니다. 사로잡은 동물을 울타리에 가두어 키우기도 했지요.

또한 사람들은 식물의 열매나 뿌리를 캐 먹는 과정에서 씨를 뿌려 두면 새싹이 돋고 열매가 맺힌다는 사실을 알게 되었습니다. 이렇게 해서 사람들은 농사를 짓기 시작했고, 점점 한곳에 머무르는 시간이 늘어났습니다. 점차 사람들은 움집을 짓고 가까운 씨족끼리 모여 마을을 이루고 살았습니다. 흙으로 토기를 빚어 곡물을 저장하기도 하고, 곡식을 끓여 먹기도 했지요. 이때를 '신석기 시대'라고 합니다.

▲ 갈판과 갈돌, 국립중앙박물관 소장

간석기

돌을 갈아서 만드는 '간석기'는 뗀석기보다 날카롭고 단단했습니다. 사람들은 날카로운 간석기로 돌괭이, 돌보습을 만들어 농사를 지었습니다. 곡식이 무르익어 수확할 때가 되면 반달돌칼과 돌낫으로 베고, 곡식의 낟알은 갈판 위에 놓고 갈돌로 갈아 껍질을 벗겼습니다. 사냥을 할 때는 돌창이나 돌화살촉을 만들어 썼으며, 낚시나 그물추를 단 그물을 이용해 물고기를 잡아 부족한 식량을 보충했습니다.

신석기 시대 사람들은 어떻게 살았을까요?

신석기 시대 사람들은 큰 강가나 바닷가 언덕에 땅을 판 다음, 단단한 나무로 기둥과 서까래를 세운 뒤 풀이나 짚으로 지붕을 얹어 움집을 지었습니다.

사람들은 식물 줄기로 실을 꼬아 그물을 만든 다음, 그 끝에 그물추를 달아 고기를 잡았습니다. 또 대나무를 잘게 쪼개 만든 통발을 흐르는 물에 가만히 놓아두면 물고기가 저절로 들어가 잡혔답니다. 물고기나 동물의 뼈를 깎아 만든 작살을 이용하거나 낚시를 해서 물고기를 잡기도 했습니다.

신석기 시대 사람들은 씨를 뿌리고 곡식을 거두는 농사를 지으며 마을을 이루고 살았습니다.

움집 바닥에는 진흙을 깔고 다진 뒤, 동물 가죽이나 짚을 깔았지요. 움집 가운데에는 강에서 주워 온 돌로 가장자리를 두른 화덕을 만들어 불을 피우고 요리를 했습니다.

빗살무늬 토기

먹을거리가 점점 풍성해지자 저장해 둘 그릇이 필요했습니다. 사람들은 진흙을 빚어서 밑이 뾰족한 모양의 그릇을 만들었습니다. 이 그릇은 겉면에 빗처럼 생긴 무늬 새기개로 누르거나 찍거나 그어서 빗살무늬를 새겨 넣은 뒤, 불에 구워서 만들었습니다. 이렇게 만든 '빗살무늬 토기'를 집 뒤나 모래밭에 꽂아 두고 곡물이나 열매를 담아 두었다가 꺼내 먹었습니다. 또한 토기에 물과 곡물 가루를 붓고 죽을 끓여 먹으면 맛도 좋고 소화도 잘됐습니다.

◀ 빗살무늬 토기, 국립경주박물관 소장

▲ 백두산

함경북도 청진시 **농포동**에서는 흙으로 만든 자그마한 여인상과 개의 머리처럼 생긴 인형이 나왔습니다. 농사가 잘되고 사냥이 성공하기를 바라는 마음으로 동물이나 사람 모양을 빚어 간직한 것입니다.

함경북도 웅기군 **굴포리 서포항**에서 작살, 도끼, 끌, 칼, 화살촉, 창끝 등의 도구와 함께 가락바퀴가 발견되었습니다. 가락바퀴는 실을 뽑을 때 사용한 도구입니다.

평안북도 의주군 **미송리**의 자그마한 석회석 천연 동굴 주거지에서 빗살무늬 토기 조각과 그물추, 곡옥 조각처럼 생긴 장신구 등이 나왔습니다.

▲ 흑요석으로 만든 신석기 시대의 도구들, 국립중앙박물관 소장

평안남도 용강군 **궁산리**에서 많은 양의 가락바퀴와 실이 꿰어진 바늘이 나왔습니다.

평양직할시 삼석구역에 있는 **남경 유적**에서는 불에 탄 조가 발견되어, 신석기 시대 중기부터 밭에 조를 심어 가꾸기 시작했음을 알려 줍니다.

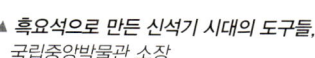
황해북도 봉산군 **지탑리** 움집터에서 피 또는 조로 보이는 불에 탄 곡물이 발견되었습니다. 한반도에서 처음으로 농사가 이루어졌을 것으로 생각되는 곳입니다. 토끼, 맷돌, 망치, 공이, 보습, 낫 등의 농기구도 나왔습니다.

강원도 양양군 **오산리**에서는 흑요석과 함께, 서기전 6000년경에 만들어진 것으로 보이는 원시 질그릇이 나왔습니다. 흑요석은 백두산 부근의 돌로, 동해안을 따라 이곳까지 흘러온 것입니다.

서울특별시 **암사동** 움집터 안팎에는 군데군데 크고 작은 구덩이가 있는데, 빗살무늬 토기를 꽂아 놓았던 곳으로 생각됩니다.

황 해

동 해

경상북도 울진군 **후포리** 바닷가 언덕에는 한 번 사람을 묻은 다음 그 위에 또 여러 번 다른 사람을 묻은 무덤이 발견되었습니다.

▲ 덧무늬 토기, 국립중앙박물관 소장

경상남도 통영시 연대도에서 발견된 조개무지 속에서 오른쪽 팔에 조가비 팔찌를 찬 사람 뼈와, 발목에 동물 이빨로 만든 발찌를 찬 사람 뼈가 발견되었습니다.

부산광역시 **동삼동**에서 중간중간에 매듭 자국이 선명한 그물 무늬 토기 조각이 나왔습니다. 촘촘하게 짠 그물에 그물추를 달아 상어, 참치, 돔 등의 물고기를 잡았을 것으로 생각됩니다.

제주특별자치도 제주시 **고산리**에서 서기전 8000년 전의 것으로 보이는, 큰 아가리에 곡선 띠 모양을 붙인 덧무늬 토기가 나왔습니다.

지배자의 출현

농사를 짓기 시작하면서 생산물이 풍부해진 신석기 시대 후기에는 많이 가진 사람과 적게 가진 사람이 생겨나기 시작했지요. 힘센 사람이 약한 사람 것을 빼앗기도 했습니다. 함께 일해서 골고루 나눠 먹던 공동체가 깨지고, 많이 가진 사람이 적게 가진 사람을 지배하는 사회로 변한 것입니다. 지배자들은 더 많은 재물과 좋은 땅을 차지하려고 이웃 부족을 공격하기도 했습니다.

부족장들은 돌이 아닌 새로운 재료로 만든 칼이나 창 같은 무기를 사용했는데, 이것이 바로 '청동기'입니다. 청동으로 만든 칼이나 창은 돌보다 날카롭고 예리했지요. 싸움은 더욱 잦아졌고, 약탈을 많이 한 지배자는 더 부유해졌습니다. 더불어 전문으로 무기를 만드는 사람이나 싸움을 하는 전사들이 생겨났습니다. 이런 전사를 많이 거느린 우두머리는 여러 부족을 정복하여 넓은 땅을 차지했습니다. 이런 우두머리를 '군장'이라고 불렀지요. 군장은 법과 질서를 세워 백성들을 다스렸습니다. 이때를 '청동기 시대'라고 합니다.

지배자의 무덤, 고인돌

고인돌은 청동기 시대 지배자들의 무덤입니다. 지배자들은 죽어서도 힘과 권위를 자랑하고 싶어 했습니다. 그래서 수많은 사람들을 동원해 큰 돌로 무덤을 만들었지요. 고인돌은 2개의 굄돌에 수십 톤이 넘는 덮개돌을 얹은 모양입니다. 고인돌에 지배자를 묻을 때에는 평소에 쓰던 청동 검, 청동 거울, 청동 방울, 옥 등을 함께 묻었습니다.

청동 방울과 청동 거울

청동으로 만든 방울과 거울은 지배자들이 힘을 과시하는 데 꼭 필요한 도구였습니다. 제사장도 겸하고 있던 지배자들은 한 손에 청동 방울을 들고 목에 청동 거울과 옥으로 만든 목걸이를 건 채, 하늘에 제사를 드리기도 했습니다. 청동 거울에는 목에 걸 때 사용하도록 고리가 2~3개 붙어 있으며, 번개 무늬, 별 무늬, 햇빛 무늬 같은 세밀한 기하학적 무늬가 새겨져 있습니다.

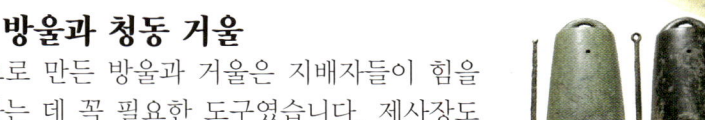
◀ **청동 방울**(위)과 **청동 거울**(아래), 국립부여박물관 소장

▲ 집 모양의 **농경문 청동기**는 제사에 쓰인 도구로 보입니다. 두 남자가 따비와 괭이로 밭을 가는 모습, 여자가 수확한 곡물을 토기에 보관하는 모습이 새겨져 있습니다. 오른쪽 위에 있는 사람을 자세히 들여다보면 머리에 깃털을 꽂고 아랫도리를 벗고 있는데, 제사장으로 여겨집니다. 제사장은 씨를 뿌리고 거둬들이는 봄과 가을에 농사가 잘되기를 하늘에 기원했을 것입니다. 국립중앙박물관 소장

🌱 청동기 만들기

❶ 청동 쇳물 만들기
구리에 주석 또는 납이나 아연을 넣고 불을 피운 뒤, 공기를 불어 넣습니다. 온도가 올라가면 청동 쇳물을 얻을 수 있습니다.

❷ 거푸집에 쇳물 붓기
쇳물을 연달아 거푸집에 붓습니다. 거푸집은 끈으로 묶어 둘로 나뉘지 않게 합니다.

❸ 청동기 다듬기
거푸집이 식으면 거푸집을 분리해 청동기를 꺼낸 뒤 숫돌에 갈아서 날을 세우거나 다듬습니다.

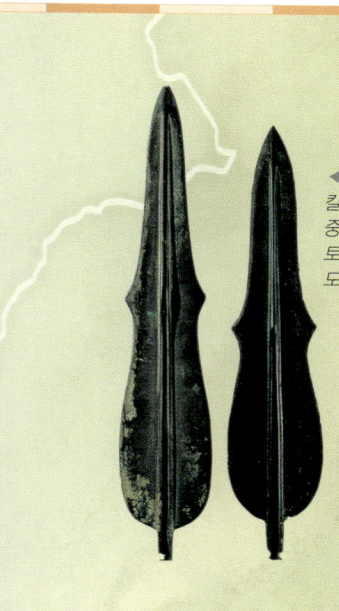
◀ '비파'라는 악기와 비슷하게 생긴 칼을 **비파형 동검**이라고 부릅니다. 중국 랴오닝(요령) 지역에서 자주 출토되기 때문에 '요령식 동검'이라고도 합니다. 국립중앙박물관 소장

▶ 날이 가늘고 날카로운 **세형 동검**은 한반도 서북부 지방에서 집중적으로 발견된 동검입니다. 세형은 '가는 모양'이라는 뜻입니다. 국립중앙박물관 소장

함경북도 무산군 **범의구석**에서 돼지머리 조각이 발견되었습니다.

▲ 울산광역시 울주군에 있는 반구대에는 동물 그림이 새겨져 있습니다. 거북이나 사슴, 멧돼지 등과 사냥꾼의 모습, 그리고 고래 그림도 많지요. 고래가 많이 잡히기를 바라는 마음에서 바위에 고래 그림을 새기고 하늘에 제사를 지낸 것입니다. 위 사진은 국보 제285호인 **반구대 암각화**를 복제한 것입니다. 국립경주박물관 소장

평양직할시 사동구역 **휴암동**에서 방사형 모양의 날개 13개가 달린 돌조각이 나왔습니다. 이것은 우두머리의 지휘봉이나 무기의 손잡이 부분으로 생각됩니다.

황해남도 은천군 **송봉리**에는 2.62m의 거대한 선돌이 세워져 있습니다. 선돌은 고인돌과 함께 청동기 시대에 많이 세워진 기념물입니다.

경기도 여주군 **흔암리**에서 불에 탄 벼와 보리가 발견되었습니다. 벼 재배 시기를 알 수 있는 귀중한 자료입니다.

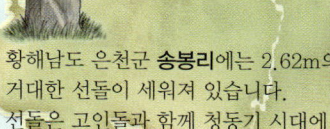
충청남도 아산시 **남성리**에서 사람 얼굴 모양의 청동기가 나왔습니다. 고리는 눈, 가운데 무늬는 코 모양입니다.

충청남도 부여군 **송국리**에서 청동기 시대를 대표하는 송국리형 토기가 나왔습니다.

대전광역시 **괴정동**에서 섬세한 기하학적 무늬가 새겨진 칼 손잡이 모양의 청동 유물과 동탁, 세형동검 등이 발견되었습니다.

경상북도 경주시 **죽동리**에서 장대끝방울이 발견되었습니다. 긴 장대에 꽂아서 쓰고 아래쪽 고리에는 수실 따위를 끼웠을 것으로 생각됩니다.

전라북도 고창군 **죽림리**와 **상갑리**에서는 447기의 고인돌이 발견되었습니다.

광주광역시 **신창동**에서 항아리 2개를 연결한 이음식 독무덤 60여 개가 나왔습니다.

전라남도 **영암군**에서는 '활석'이라는 연한 돌로 만든 낚싯바늘 거푸집이 발견되었습니다.

황 해

동 해

우리 민족이 세운 첫 나라, 고조선

청동기 시대에 이르러 만주와 한반도 서북부에 강력한 우두머리인 '단군'이 등장합니다. 단군은 우수한 청동기를 앞세워 주변의 여러 부족을 다스렸습니다. 마침내 단군은 우리 민족의 첫 나라인 '고조선'을 세우고, 하늘의 뜻을 물어 나라를 다스렸습니다. 고조선은 이웃 나라들과 힘을 겨루며 성장하여 서기전 4세기 무렵에 중국의 연나라를 위협할 정도로 강한 나라가 되었습니다. 그러나 서기전 194년 무렵, 중국에서 위만이 무리를 이끌고 와서 고조선의 준왕을 몰아내고 왕위에 올랐습니다.

위만은 나라 이름을 바꾸지 않고, 고조선의 법과 제도를 그대로 이어받았지요. 위만은 뛰어난 철제 무기를 앞세워 주변 지역을 정복하면서 세력을 키워 나갔습니다. 그러나 위만의 손자인 우거왕 때 고조선이 강해지는 것을 두려워 한 중국 한나라의 공격을 막지 못하고 멸망했습니다. 이때가 서기전 108년입니다.

단군 신화

고조선의 건국을 알려 주는 단군 신화에 따르면, 단군은 환인(하느님)의 아들인 '환웅'과 곰에서 인간이 된 '웅녀' 사이에서 태어났습니다. 단군은 서기전 2333년, 아사달에 도읍을 정하고 '조선'이라는 나라를 세웠지요. 단군이 세운 조선은 오늘날 태조 이성계가 세운 조선과 구별하기 위해 '고조선(옛 조선)'으로 부르고 있습니다. 이후 단군은 1500년 동안 나라를 다스리다가 아사달로 돌아가 산신이 되었습니다. 단군이 1500년간 나라를 다스렸다는 기록은 단군의 자손들이 대를 이어 고조선의 왕이 되었음을 말해 주고 있습니다.

범금 8조

고조선에는 백성들을 다스리는 법이 있었는데, 이를 '범금 8조'라고 합니다. 범금은 '어기는 것을 금한다.'는 뜻입니다. 범금 8조 중 지금은 3개 조항만이 전해지고 있습니다.

> 첫째, 사람을 죽인 자는 사형에 처한다.
> 둘째, 남에게 상해를 입힌 자는 곡식으로 갚는다.
> 셋째, 도둑질한 자는 노비로 삼되 노비에서 벗어나고자 할 때에는 50만 전을 낸다.

이 3개 조항으로 보아 고조선은 개인의 생명과 재산을 존중하는 사회였음을 알 수 있습니다.

무엇을 입었을까요?

남자들은 바지와 저고리를 입었고 추울 때는 겉옷을 걸쳤습니다. 여자들은 저고리에 치마를 입었습니다. 대부분 베틀로 짠 옷감이나 가죽으로 옷을 해 입었는데, 지위가 높은 사람은 비단옷을 입기도 했습니다. 관리들은 외출할 때 모자를 썼고, 목걸이나 귀걸이 같은 장신구도 달았습니다. 또한 청동 장신구를 단 허리띠를 둘렀으며, 청동 단추로 화려하게 장식한 가죽신을 신었습니다.

❶~❻은 고조선이 세워져 멸망하기까지의 과정입니다.

❶ 환인의 아들인 환웅은 널리 인간을 이롭게 할 뜻을 품고, 무리 3000여 명을 거느리고 태백산 꼭대기의 신단수 아래로 내려와 신시를 세웠습니다.

❷ 환웅의 아들인 단군이 아사달에 도읍을 정하고 우리 민족의 첫 나라인 '고조선'을 세웠습니다.

❸ 중국 연나라의 왕인 노관이 흉노로 망명하자 그의 부하인 위만은 고조선의 변방으로 와서 고조선의 신하가 되었습니다.

무엇을 먹었을까요?

고조선 사람들은 조, 수수, 기장, 콩, 피, 쌀 등으로 밥을 해 먹었습니다. 일반 백성들은 조나 기장으로 지은 밥을 먹었고, 귀족들은 대부분 쌀로 밥을 해 먹었습니다. 반찬은 고기와 주변에서 쉽게 구할 수 있는 채소를 주로 먹었으며, 고기나 생선을 잘게 저민 뒤 소금을 뿌려 젓갈을 만들어 먹기도 했습니다. 또 가을에 거둬들인 콩을 시루에 쪄서 누룩곰팡이가 피면 햇볕에 말렸다가 '시'를 담아 먹었는데, 시는 오늘날의 된장과 비슷하답니다.

랴오허 강(요하)

❹ 위만은 한나라 군대가 열 군데로 쳐들어온다고 거짓으로 보고하고는 왕검성으로 군사를 이끌고 와 왕의 자리를 빼앗았습니다.

❻ 서기전 108년에 한나라에게 왕검성이 함락되면서 고조선은 멸망했습니다.

평안북도 의주군 **미송리**에서는 양쪽에 손잡이가 있으며 바닥이 좁고 납작한 미송리형 토기와 아가리 둘레에 점토 띠를 두른 덧띠 토기가 나왔습니다.

▲ 미송리형 토기

압록강

▲ 옥으로 만든 꾸미개들. 국립중앙박물관 소장

평안북도 영변군 **세죽리**에서 직사각형의 집터가 발견되었습니다. 바닥을 20㎝ 정도 파고 나무 기둥을 3~4줄로 세운 뒤 '여덟 팔(八)' 자 모양으로 지붕을 올렸습니다.

평안남도 증산군 **용덕리**에 있는 고인돌의 덮개돌에는 별자리가 많이 그려져 있습니다.

황해

황해남도 은율군 **관산리**에는 고조선 지배층들의 무덤인 거대한 고인돌이 있습니다.

평양직할시 **남경 유적**에서는 벼와 조, 수수, 콩 등으로 잡곡밥을 짓고 각종 나물로 반찬을 만들어 먹은 것으로 생각되는 흔적이 발견되었습니다.

산둥 반도

중개 무역

고조선은 중국과 한반도 남부를 연결하는 중개 무역으로 이득을 얻었습니다. 고조선 사람들은 말을 타고 중국을 오가기도 했고, 배를 타고 중국 산둥 반도와 한반도 서북 지방 사이를 오갔습니다. 고조선 사람들은 질 좋은 옷감이나 반점이 박힌 짐승 가죽, 짐승 털로 짠 천, 활과 화살촉 등을 가져가서, 중국의 철기를 비롯하여 거울과 기와 등으로 바꾸어 왔습니다.

동해

❺ 위만에게 왕위를 빼앗긴 고조선의 준왕은 한강 남쪽으로 내려가 '한'이라는 나라를 세웠습니다.

▲ 중국에서 만들어져 고조선에서 사용된 것으로 생각되는 청동 화폐인 **명도전**. 국립경주박물관 소장

11

크고 작은 나라들

고조선이 멸망한 서기전 2세기를 전후해 만주와 한반도에는 여러 세력이 힘을 키우고 있었습니다. 서기전 4세기경부터 널리 퍼지기 시작한 철기는 작은 나라 간의 전쟁을 더욱 부채질했습니다. 철로는 무기뿐만 아니라 농기구도 만들어 썼는데, 거친 땅을 잘 일굴 수 있어 수확량이 크게 늘었지요. 이러한 가운데 쑹화 강 언저리에서는 부여가 힘을 키워 나라를 세웠습니다. 압록강 유역에서는 고구려가 여러 작은 나라들을 아우르며 나라를 세웠고, 동해안에는 옥저와 동예가 세워졌습니다. 한반도 중남부에서는 삼한이 각각 세력을 모았는데, 한강 이남에는 마한이, 경주를 중심으로 한 경상남도 일대에는 진한이, 김해를 중심으로 한 낙동강 일대에는 변한이 자리를 잡았습니다. 마한과 진한, 변한은 여러 개의 작은 나라로 이루어져 있었고, 그중 가장 힘이 센 마한의 목지국이 다른 작은 나라들을 다스렸습니다.

철로 만든 무기와 농기구

한반도에는 철을 뽑아내는 철광석이 구리보다 풍부했습니다. 철을 다루는 기술을 익힌 사람들은 자연에서 철광석을 캐내 여러 모양의 농기구와 무기를 만들었습니다. 철은 돌보다 단단하고 청동보다 훨씬 날카로워 무기로 더할 나위 없이 좋았습니다. 또한 철로 만든 도끼나 따비, 쇠스랑으로 농사를 지으니 수확량이 더 많아졌지요. 철제 무기가 널리 퍼지면서 싸움 또한 자주 일어나 한반도는 점점 전쟁터로 변했습니다.

중국 지린 성 위수 현 **노하심 유적**에서 서기 전후에 만들어진 것으로 보이는 부여의 갑옷과 농기구, 금과 은, 유리로 만든 장식품이 나왔습니다.

◀ 철로 만든 무기(왼쪽)와 농기구(오른쪽), 국립중앙박물관 소장

제천 행사

부여에서는 12월에 온 나라 사람이 모여 하늘에 제사를 지냈습니다. 제사가 끝나면 음식을 먹고 노래하며 춤을 추었는데, 이를 '영고'라고 불렀습니다. 고구려에서는 10월에 '동맹'이라는 축제가 열렸고, 동예에서도 역시 10월에 '무천'이라는 축제가 열렸습니다. 마한에서는 씨앗을 다 뿌리고 난 5월과 추수를 끝낸 10월, 두 차례에 걸쳐 하늘에 제사를 지냈습니다. 이런 축제들이 보통 추수가 끝난 10월에 열린 이유는 한 해의 농사를 잘 마무리한 것을 하늘에 감사드리는 제사였기 때문입니다.

부여

중국 지린 성 지린 시에 위치한 **동단산**에서 옛 부여의 도성으로 보이는 토성이 발견되었습니다. 이 토성은 동단산과 그 앞의 '남성자'라고 불리는 둥근 분지에 자리 잡고 있었지요. 그 앞에는 쑹화 강이 도성을 감싸며 흐르고 있습니다.

옥저의 독특한 풍습

옥저에는 '민며느리제'라는 결혼 풍습이 있었습니다. 민며느리제는 신랑 집에서 결혼을 약속한 여자아이를 데려다 클 때까지 기른 뒤 며느리로 삼는 제도입니다. 한편 고구려에는 이와 반대되는 풍습으로 첫 아이가 태어날 때까지 신랑이 신부의 집에서 함께 사는 '데릴사위제'가 있었습니다.

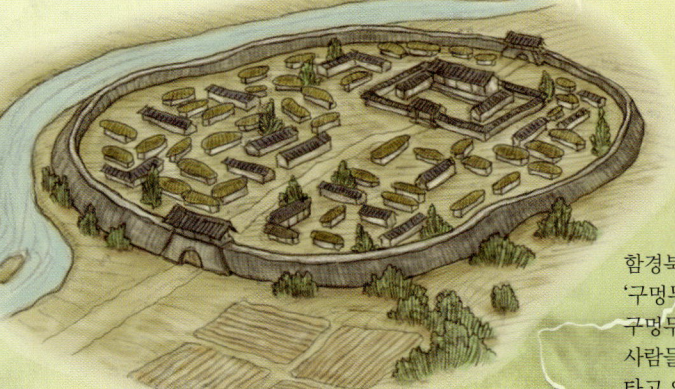

함경북도 회령시 **오동 유적**에서는 '구멍무늬 토기'가 발견되었습니다. 구멍무늬 토기를 사용하던 북옥저 사람들은 읍루 부족 사람들이 배를 타고 와서 노략질하는 것이 두려워 여름철에는 산속 바위 굴에서 지내고 겨울에만 마을에 내려와 살았습니다.

동예의 책화

동예 사람들은 대부분 반지하식 움집에 살았습니다. 이들이 살았던 집터에서 돌화살촉이 많이 발견되고 있는데, 이는 동예 사람들이 사냥과 고기잡이를 많이 했기 때문입니다. 동예에서 사냥이 얼마나 중요했는지는 '책화'라는 풍습에서도 엿볼 수 있습니다. 책화는 나무를 비롯해 사냥감이 많은 산과 하천을 구분해 놓아 다른 부족이 함부로 들어가지 못하게 한 것입니다. 이를 어길 때에는 그 벌로 소나 말을 내놓아야 했습니다.

함경남도 영흥평야를 흐르는 용흥강 하류의 강변 언덕에는 **소라리 토성**이 있는데, 동예의 작은 나라 중 하나인 불내국의 중심 도성이었을 것으로 생각됩니다.

삼한

고조선이 멸망하자 많은 사람들이 남쪽으로 옮겨가 살았습니다. 그리하여 한반도 중남부에서는 크고 작은 무리들이 세력을 키워 나갔지요. 얼마 뒤 이 무리들은 마한, 진한, 변한이라는 세 나라에 속하게 되었습니다. 삼한의 땅은 기름져서 농사가 잘되었는데, 특히 벼농사가 발달했습니다. 이후 마한에서는 백제국이, 진한에서는 사로국이, 변한에서는 구야국이 등장했습니다. 이들은 각각 백제와 신라와 가야로 발전했지요.

평양직할시 낙랑구역의 **정백동 1호 무덤**에서 '부조예군'이라 새겨진 은도장이 나왔습니다.

동예의 특산물인 **과하마**는 키가 1m 정도 되는 작은 조랑말입니다. 과실나무 아래에서도 타고 지나갈 수 있을 정도로 작다 하여 '과하마'라고 불렀습니다.

▲ 경상북도 영천시 어은동에서 나온 **청동 호랑이 모양 허리띠 고리**, 국립경주박물관 소장

삼한의 작은 나라들 가운데 가장 강력했던 나라는 마한의 **목지국**입니다. 목지국 왕을 '진왕' 또는 '마한왕'으로 불렀습니다.

경상북도 경주시 **조양동 유적**의 38호분에서 널무덤이 발견되었습니다. 이 무덤은 박혁거세가 신라를 세운 서기전 1세기의 무덤이어서 관심을 끕니다.

경상남도 김해시 **대성동**에서 덩이쇠가 무더기로 나왔습니다. 덩이쇠는 교역품이자 화폐로도 사용되었는데, 중국이나 일본에 수출되기도 했습니다.

광주광역시 **신창동**에서 2000여 년 전에 만들어진 목제 수레바퀴가 발견되었습니다.

경상남도 창원시 **다호리**에서 붓 5점과 칼이 나왔습니다. 이곳 사람들은 대나무나 나무판에 붓으로 글씨를 썼지요.

◀ 경상남도 창원시 다호리에서 나온 **칼**, 국립중앙박물관 소장

● 구석기 시대 ~ 고조선 ●
역사, 한눈에 따라잡기

70만 년 전 ● 한반도에 인류가 첫발을 내디딤으로써 구석기 시대 시작됨

50만 년 전 ● 오늘날의 평양직할시 상원군 검은모루 동굴에서 사람이 삶

30만 년 전 ● 오늘날의 경기도 연천군 전곡리에서 사람이 삶

20만 년 전 ● 오늘날의 충청북도 청원군 두루봉 동굴과 충청남도 공주시 석장리에서 사람이 삶

10만 년 전 ● 오늘날의 함경북도 웅기군 굴포리 서포항, 평안남도 덕천시, 평양직할시 역포구역 대현동에서 사람이 삶

4만 년 전 ● 오늘날의 제주특별자치도 제주시 빌레못 동굴에서 사람이 삶

3만 년 전 ● 오늘날의 함경북도 종성군 동관진에서 사람이 삶

2만 년 전 ● 오늘날의 평양직할시 만달리에서 사람이 삶

서기전 **8000**년경	한반도에 신석기 시대가 시작됨
서기전 **6000**년경	오늘날의 부산광역시 동삼동에서 신석기 시대 사람들이 흔적을 남김
서기전 **5000**년경	오늘날의 서울특별시 암사동에서 움집을 짓고 생활하기 시작함
서기전 **4000**년경	오늘날의 황해북도 봉산군 지탑리 사람들이 조, 피 등의 곡물을 기름
서기전 **2500**년경	오늘날의 평양직할시 남경 지역에서 '빗살무늬 토기' 사용
서기전 **2333**년경	단군이 우리 민족 최초의 국가인 고조선을 세움
서기전 **1500**년경	오늘날의 경기도 일산과 김포 지역 사람들이 쌀을 재배하기 시작함
서기전 **1000**년경	청동기 문화가 발전함
서기전 **400**년경	철기 문화가 보급되면서 무기와 농기구가 발달함
서기전 **194**년경	고조선으로 망명한 연나라 위만이 준왕을 몰아내고 왕이 됨
서기전 **108**년경	고조선이 한나라 무제의 공격으로 멸망함

삼국의 건국

건국 신화에는 한 나라가 세워지는 과정이 잘 드러나 있습니다. 고구려 건국 신화에 의하면, 주몽은 부여를 빠져나와 졸본 지역에 이르러 토착 세력을 누르고 서기전 37년에 나라를 세웠습니다.

백제를 세운 온조는 고구려 주몽(동명성왕)의 아들입니다. 온조와 비류는 주몽과 소서노 사이에서 태어났는데, 부여국에서 주몽의 큰아들인 유리가 찾아오면서 곤란을 겪게 되었습니다. 두 왕자는 어머니인 소서노를 모시고 따르던 신하들과 함께 남쪽으로 떠나게 됩니다. 비류는 오늘날의 인천 지역인 미추홀에 자리를 잡았고, 온조는 위례성에 도읍을 정했습니다. 얼마 뒤 비류가 죽자 온조는 미추홀 백성을 받아들여 나라의 기틀을 잡았습니다.

신라의 건국 신화에 따르면 시조인 혁거세는 하늘에서 내려보낸 알에서 태어났다고 하는데, 앞선 철기 문물을 가지고 북쪽에서 내려와 오늘날의 경상북도 경주 지역의 토착 세력을 누르고 왕이 되었을 것으로 생각됩니다.

고구려를 건국한 주몽

압록강 중상류 지역에는 '구려'라 불리는 무리가 있었습니다. 이 무리는 고조선이 멸망하자 잠시 중국 한나라의 지배를 받았습니다. 그러나 서기전 57년에 한나라 세력을 몰아내고 힘을 키우고 있었지요. 그로부터 20년 뒤 이곳에 주몽 무리가 옮겨 와 나라를 세운 것입니다. 주몽은 국호를 '고구려'라 하고, 자신의 성도 '고씨'로 삼았습니다. 고구려는 '구려를 더욱 높인다.'는 뜻입니다. 주몽은 점차 주변 지역을 정복하고 영토를 넓혀 나갔습니다.

유리 신화

주몽이 부여를 떠날 때, 주몽의 부인은 그곳에 남아 있다가 얼마 뒤 아들을 낳았는데, 그 아들이 바로 '유리'입니다. 부여에서 아비 없는 아들이라고 온갖 핍박을 받던 유리는 어느 날 어머니로부터 아버지 이야기를 듣게 됩니다. 유리는 부러진 칼을 찾아 아버지의 나라로 갔습니다. 유리가 부러진 칼을 내놓자 주몽은 자신이 가지고 있던 칼 반쪽과 맞춰 보았고, 두 도막의 칼은 딱 들어맞았지요. 마침내 주몽은 늠름하게 자란 아들을 보고 기뻐하며 태자로 삼았습니다.

백제 건국

주몽의 아들인 온조가 백제를 건국한 이야기는 《삼국사기》에 자세히 실려 있습니다. 하지만 《삼국사기》의 또 다른 기록에는 형인 비류가 백제를 건국했다고 합니다. 또한 비류와 온조는 주몽의 아들이 아니라 북부여 사람인 우태의 아들로 되어 있지요. 그 기록에 따르면 비류의 어머니인 소서노는 압록강 언저리에 있던 부유한 집안의 딸로, 우태와 결혼해 비류와 온조를 낳았다는 것입니다. 이와 같이 백제 건국에 대해 여러 이야기가 전해지고 있는 것은 백제 지역으로 옮겨 온 무리가 여럿이었기 때문입니다. 그리고 비류와 온조는 형제라기보다는 각자 자기 무리를 이끌고 온 우두머리였을 것으로 생각됩니다.

백제의 도성인 위례성으로 추정되는 **풍납토성**, 사적 제11호 ▶

사로국을 세운 박혁거세

신라는 진한 12국의 하나인 '사로국'으로 출발했습니다. 사로국은 오늘날의 경주 지역을 중심으로 한 여섯 마을(6촌)로 이루어져 있었지요. 6촌은 모두 촌장이 다스리고 있었는데, 철기를 잘 다루는 혁거세가 옮겨 와 촌장들을 누르고 왕이 된 것입니다.

🌱 신라의 건국 신화

어느 날 양산 밑 나정이라는 우물가에 흰말 한 마리가 꿇어앉아 절을 하고 있었습니다. 사람들이 그곳에 가 보니 붉은 알이 있었지요. 알에서는 남자아이가 나왔습니다. 이상하게 생각한 사람들은 동쪽 우물에 가서 남자아이를 목욕시켰습니다. 그러자 남자아이 몸에서 빛이 흘러넘쳤지요. 그래서 남자아이를 '빛나는 아이'라는 뜻으로 '혁거세'라 불렀고, '깨고 나온 알이 박처럼 생겼다' 하여 '박'을 성으로 삼았습니다. 혁거세는 여섯 촌장의 추대를 받아 열세 살에 왕위에 올랐으며, 나라 이름을 '서라벌(사로)'이라고 했습니다.

고구려는 제2대 임금인 유리왕 때 수도를 중국 지린 성 지안 현에 있는 **국내성**으로 옮겼습니다. 이후 국내성은 427년까지 고구려의 수도였습니다.

중국 랴오닝 성 환런 현에 있는 **오녀산성**은 고구려의 첫 도읍지입니다.

자강도 시중군 **노남리**에서는 청동기 시대와 고구려 초기의 집터 유적이 발굴되었습니다. 제2호 집터에는 고래가 긴 온돌과 아궁이도 발견되었습니다.

고구려

부여를 벗어난 주몽은 오늘날의 중국 랴오닝 성 환런 현 **비류수** 가까이에 성을 쌓고 나라 이름을 '고구려'라고 했습니다. 비류수는 훈허 강 환런 지방으로 생각되고 있습니다.

▲ 고구려의 **부뚜막**, 국립중앙박물관 소장

서울특별시 송파구 방이동에 있는 **몽촌토성**은 타원형으로 이어진 낮은 산을 이용해 그 위에 진흙을 쌓아 성벽을 만든 백제의 토성입니다.

고구려를 떠난 비류와 온조는 마침내 한산(오늘날의 북한산으로 생각되는 곳)에 이르러 부아악이라는 봉우리에 올라 살 만한 곳을 찾았습니다.

서울특별시 송파구 **석촌동**에는 백제 초기에 만들어진 커다란 돌무지 무덤들이 남아 있습니다. 맨 아래에 돌덩이를 깔아 단을 만든 뒤 그 위에 다시 네모꼴로 1~2단의 돌덩이를 쌓아 올린 피라미드 모양입니다.

비류는 따르는 무리를 이끌고 미추홀에 정착했습니다. **미추홀**은 오늘날의 인천광역시 언저리로 생각됩니다.

백제

동 해

신라

경상북도 경주시 형산강 가에 위치한 **황성동**에서 대규모의 철기 공방터가 발굴되었습니다. 이 공방터에서는 철괴를 녹여 도끼를 만들거나 쇠를 두드려 여러 가지 무기나 연장을 만드는 단야로가 발견되었습니다.

황 해

경상북도 경주시 **덕천리의 80호 목곽묘**에서 사로국 시대의 유물로 보이는 오리 모양 토기와 신선로 모양 토기가 나왔습니다.

▲ 경상북도 경주시 덕천리에서 나온 **신선로 모양 토기**

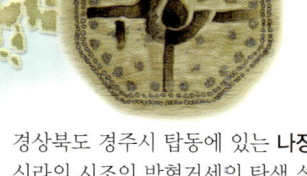

경상북도 경주시 탑동에 있는 **나정**은 신라의 시조인 박혁거세의 탄생 설화를 간직한 우물입니다.

▲ 나정 터, 사적 제245호

17

백제의 성장

한강 가에 자리 잡은 백제는 북쪽에서 내려온 말갈, 동남쪽의 신라와 여러 차례 전쟁을 치르면서 발전해 나갔습니다. 백제의 제8대 임금인 고이왕은 마한의 여러 작은 나라를 정복해 영토를 넓히고, 나라의 기틀을 다졌지요. 제13대 임금인 근초고왕에 이르러 백제는 최고의 전성기를 맞이합니다. 근초고왕은 고구려의 평양성을 공격하여 고국원왕을 죽이는 등 큰 성과를 거두었습니다. 또한 영산강 언저리의 마한 세력을 합쳤으며, 낙동강 언저리에 있던 가야에까지 세력을 떨쳤습니다. 이때 백제는 나라를 연 뒤 최대의 영토를 차지했습니다.

백제의 승리

근초고왕은 백제의 영토를 최대로 넓힌 왕입니다. 마한에 이어 가야까지 끌어안은 근초고왕은 북쪽으로 눈길을 돌렸습니다. 그때는 고구려도 남쪽으로 나아가기 위해 준비하고 있었지요. 369년에 고구려의 고국원왕이 먼저 치양성(오늘날의 황해남도 배천군)을 공격하자, 근초고왕은 태자 수에게 군대를 이끌고 가 막도록 했습니다. 이 전쟁에서 백제는 고구려군 5000명을 죽이거나 사로잡는 승리를 거두었습니다. 고국원왕이 다시 군사를 보냈으나, 고구려 군사들은 숨어 있던 백제 군사들에게 걸려들어 후퇴해야 했습니다. 이렇게 두 번에 걸쳐 고구려군을 물리친 근초고왕은 3만 명의 군사를 이끌고 직접 평양성을 공격하기도 했습니다.

🌱 칠지도

근초고왕은 어느 날 일본 왕에게 특별한 칼 하나를 주었는데, 이 칼이 일본의 이소노카미 신궁에 보관되어 있는 '칠지도'입니다. 양쪽에 작은 칼날이 3개씩 나뭇가지처럼 뻗어 있는 등 총 7개의 칼날로 되어 있어서 '칠지도'라고 불리지요. 그 당시 일본 지역은 여러 부족들이 다투던 시기였기 때문에, 철과 철 제련 기술이 꼭 필요했습니다. 하지만 철을 직접 생산하지 못해서 백제나 가야로부터 철을 수입해 쓰고 있었지요. 이러한 사실을 잘 알고 있던 근초고왕은 덩이쇠와 철 기술자를 보내 주어 철기를 만들어 쓸 수 있도록 했습니다. 그리고 철로 만든 칼인 칠지도를 내린 것이지요.

칠지도, 일본 이소노카미 신궁 소장 ▶

미사리 백제 마을

경기도 하남시 미사리에서는 백제 사람들이 농사를 짓던 밭, 집을 지은 흔적, 곡식을 담아 두던 저장 구덩이, 독무덤 등이 발견되고 있습니다. 백제 사람들의 집은 땅을 파서 만든 움집을 비롯해 땅 위에 지은 다락집까지 다양했습니다. 집 안에서는 화덕이나 부뚜막이 발견되기도 했습니다. 부뚜막에는 불을 때는 아궁이를 만들어 집을 따뜻하게 하고 밥도 해 먹은 것으로 보입니다. 집 안 한 귀퉁이에는 구덩이를 파 항아리를 묻어 놓고 곡식을 저장했습니다. 집터의 맨 앞에는 문이 달렸던 흔적이 있습니다.

사비 천도

제25대 임금인 무령왕의 뒤를 이어 왕위에 오른 성왕은 538년에 도읍을 '사비(오늘날의 충청남도 부여군)'로 옮기고, 나라 이름을 '남부여'로 고쳤습니다. 고구려에게 멸망당한 부여를 이어받겠다는 의지였지요. 그러고 나서 성왕은 중앙에 22개의 실무 관청을 두고 나랏일을 처리하게 했습니다. 지방은 크게 5방으로 나누고 그 밑에 군을 둔 뒤 관리를 보내 다스렸습니다. 성왕의 이러한 노력으로 백제는 다시 한번 번영을 꿈꾸게 되었습니다.

고흥

고흥은 백제 최초의 박사로, 375년에 역사책인 《서기》를 편찬했습니다. 백제는 이때 처음으로 역사책을 갖게 되었지요. 그러나 《서기》는 오늘날 전해지지는 않습니다. 고흥은 《백제기》, 《백제신찬》, 《백제본기》 등도 편찬했으나, 이 책들도 《일본서기》에 일부분만 인용되어 전해질 뿐입니다.

고구려

근초고왕은 371년 겨울, 태자 수와 함께 병사 3만 명을 이끌고 **평양성**으로 쳐들어갔습니다. 성을 함락시키지는 못했으나 고구려의 고국원왕을 활로 쏘아 죽이는 성과를 올렸습니다.

▲ 서울특별시 아차산에 있는 **아차산성**, 사적 제234호

369년에 고구려가 보병과 기병을 거느리고 **치양성**을 공격하자, 근초고왕은 태자 수를 보냈습니다. 수는 고구려군 5000명을 죽이거나 사로잡았습니다.

제21대 임금인 **개로왕**은 한성이 함락되자 성을 빠져나갔으나 얼마 뒤 고구려군에게 붙잡혔습니다. 개로왕은 한강 건너편에 있는 아차산으로 끌려 가 처참하게 죽임을 당했습니다.

황해

한강

서울특별시 송파구 풍납동에 있는 **풍납토성**에서는 '초두'가 나왔습니다. 초두는 발이 3개 달린, 음식을 데우는 냄비입니다.

동해

백제

충청남도 부여군 동남리에는 **궁남지**라는 연못이 있습니다. 이 연못은 제30대 임금인 무왕 때 만들어진 것으로, 백제 왕과 귀족들은 이곳에서 풍류를 즐겼습니다.

충청남도 공주시에 있는 **웅진성**은 북쪽으로는 차령산맥과 금강이, 동쪽으로는 계룡산이 가로 막고 있어, 적을 막는 데 유리했습니다.

충청남도 공주시에 있는 **송산리 고분군**은 백제 왕과 귀족들의 무덤입니다. 무령왕릉도 이곳에 있습니다.

사비 북쪽의 부소산에 자리한 **부소산성**은 웅진에서 사비로 천도한 538년부터 멸망할 때까지, 123년 동안 백제의 도읍을 지킨 중심 산성입니다.

전라남도 나주시 신촌리 일대에는 영산강 유역의 대표적인 고분인 옹관 무덤 30여 기가 있습니다. 그중 **신촌리 9호분**에서는 금동 관과 금동 신발, 고리자루칼 등이 나왔습니다.

영산강

섬진강

가야

신라

낙동강

▲ 충청남도 부여군에 있는 **부소산**

- - - 점선은 4세기경 백제 전성기 때의 영역을 표시한 것입니다.

고구려의 팽창

고구려는 제15대 임금인 미천왕 때 낙랑군과 대방군을 몰아내면서 발전의 기틀을 마련했습니다. 그러나 뒤를 이은 고국원왕이 백제군에게 죽임을 당하는 등 큰 위기를 겪었지요. 나라가 혼란스러운 가운데 왕위에 오른 소수림왕은 제도 정비에 온 힘을 기울였습니다. 특히 태학을 설립하여 인재를 양성하고, 율령을 반포하여 나라의 기강을 바로잡았지요. 그리고 불교를 받아들여 백성들을 단결시키는 데 힘썼습니다.

제도 정비를 마치자, 고구려는 바깥으로 뻗어 나갔습니다. 제19대 임금인 광개토대왕은 북으로는 헤이룽 강, 남으로는 임진강, 동으로는 러시아의 연해주, 서로는 랴오허 강까지 영토를 넓혔지요. 뒤를 이은 장수왕도 아버지의 뜻을 잘 이어 나갔습니다. 그리하여 고구려는 장수왕 때 한강 지역을 모두 차지했으며, 죽령 일대와 남쪽의 남양만까지 세력을 넓혀 동북아시아의 중심 국가가 되었습니다.

392년에 고구려는 **거란**을 정벌하고 잡혀간 1만여 명의 백성을 데리고 돌아왔습니다.

광개토대왕은 407년에 5만 군대를 이끌고 **후연** 군대를 격파해 랴오허 강 서쪽까지 진출했습니다.

소금 장수였던 미천왕

미천왕은 제14대 임금인 봉상왕의 조카로 이름이 '을불'입니다. 을불은 봉상왕을 피해 귀족 집에서 머슴살이도 하고 압록강 언저리에서 소금을 팔기도 했습니다. 이렇게 어려움을 직접 겪었기 때문에 왕위에 오른 뒤 백성을 생각하는 마음이 깊었습니다. 특히 진대법을 실시해 가난하고 굶주린 백성들을 돌보았습니다. 또한 313년에는 낙랑군을 차지했고, 그 다음 해에는 대방군을 차지해 중국 세력을 우리 땅에서 완전히 몰아냈지요. 중국 세력이 사라지자, 고구려는 군사를 움직일 때나 무역을 할 때에도 황해안의 뱃길을 자유롭게 이용할 수 있었습니다.

영토를 넓힌 광개토대왕

제18대 임금인 고국양왕이 죽자 태자인 '담덕'이 18세로 왕위에 올랐는데, 이 임금이 바로 '광개토대왕'입니다. 광개토대왕은 후연의 멸망으로 북중국이 혼란에 빠져 있는 틈을 타 4만 명의 군사를 이끌고 백제로 쳐들어가 성 10개를 빼앗았지요. 이 전쟁을 시작으로 광개토대왕은 22년 동안 수많은 전투에 직접 참여해 승리를 거두었습니다. 그러나 아쉽게도 39세라는 젊은 나이에 죽었습니다. 사람들은 '영토를 크게 넓힌 업적'을 기려, 시호(왕이 죽은 뒤에 그 공덕을 칭송하여 붙인 이름)를 '국강상광개토경평안호태왕'이라 했습니다.

◀ 광개토대왕릉비

전연의 공격으로 큰 피해를 입은 **부여**는 겨우 왕실의 명맥만 이어 가다가, 494년에 고구려에 복속되었습니다.

광개토대왕은 410년에 친히 군사를 이끌고 **동부여**를 공격해 합병했습니다.

장수왕은 아버지의 업적을 기리는 뜻에서, 414년에 국내성 근처에 **광개토대왕릉비**를 세웠습니다. 높이가 6.4m에 무게가 37톤이나 나가는 이 비석은 돌을 자연 그대로 사용해서 겉면이 울퉁불퉁합니다. 비문에는 '영락'이라는 고구려 고유의 연호를 사용하고 있어, 천하의 중심에 서 있던 고구려 사람의 자부심이 강하게 느껴집니다.

국내성

장수왕과 평양 천도

광개토대왕의 뒤를 이어 아들인 '거련'이 왕위에 올랐습니다. 거련은 20세에 즉위하여 78년 동안 나라를 다스렸습니다. 그래서 시호가 '오래 산 왕'이라는 뜻의 '장수왕'입니다. 당시 북중국에서는 북위가 세력을 키운 뒤 동쪽으로 진출할 기회만 엿보고 있었지요. 이에 장수왕은 427년, 남쪽으로 눈을 돌려 평양으로 도읍을 옮겼습니다. 475년, 장수왕은 3만 명의 군사를 이끌고 백제를 침략하여, 7일여 만에 백제의 도읍인 한성을 함락시켰습니다. 481년에는 신라의 도읍인 금성 북쪽까지 진출했지요. 장수왕의 노력으로 고구려는 만주와 한반도 일대를 아우르는 대제국이 되었습니다.

압록강

미천왕이 311년에 **서안평**을 점령함으로써 고구려는 압록강 하구를 통해 황해로 진출하기 시작했습니다.

▲ 중국 지린 성 지안 현에 있는 장수왕릉으로 생각되는 **장군총**

고구려

평양성

동해

314년에 고구려는 **대방군**을 물리쳐 한반도에서 중국 세력을 완전히 몰아냈습니다.

임진강

황해

한강

한성

신라를 공격해 중원 땅을 차지한 장수왕은 이를 기념하는 비석을 세우게 했는데, 이 비석이 **중원 고구려비**입니다.

백제

신라

금성

가야

400에 광개토대왕은 5만 명의 군사를 신라에 보내 **백제, 가야, 일본 연합군**을 물리쳤습니다.

▲ 경상북도 경주시 호우총에서 나온 **청동 그릇** 바닥에는 '을묘년국강상광개토지호태왕 호우 십'이라는 글귀가 새겨져 있습니다. 이 청동 그릇은 광개토대왕을 장사 지내고 난 1년 뒤인 을묘년(415년)에 성대한 제사를 지내면서, 이를 기념하기 위해 만든 그릇으로 생각됩니다. 당시 신라는 사절을 보내 제사에 참여했고, 이때 고구려에서 기념품으로 내린 것입니다. 국립중앙박물관 소장

▲ 평양직할시 대성구역에서 나온 고구려의 **불꽃 뚫음 무늬 금동 보관**. 위로 치솟으며 타오르는 불꽃 무늬에서 고구려의 진취적인 기상을 느낄 수 있습니다.

--- 점선은 5세기경 고구려 전성기 때의 영역을 표시한 것입니다.

신라의 발전

신라는 제17대 임금인 내물왕 이후 '김씨'가 왕위를 독차지하면서 비로소 발전하기 시작했습니다. 내물왕은 강화된 왕권을 바탕으로 진한의 여러 나라를 정복해 낙동강 유역까지 영토를 넓혔습니다. 제22대 임금인 지증왕에 이르러 '덕업이 날로 새로워져 사방을 아우른다.'는 뜻으로 국호를 '신라'로 바꾸고, 왕호도 '신라 국왕'으로 하였습니다.

법흥왕은 아버지인 지증왕의 뜻을 이어받아 내부 체제를 정비해 나갔습니다. 특히 율령을 반포하고 골품제를 정비했으며 불교를 국가에서 공식으로 인정했고, 군사권을 왕이 직접 거머쥐고 왕권을 더욱 강화해 나갔습니다. 뒤를 이은 진흥왕은 고구려가 왕위 계승 문제로 혼란해지자, 백제와 연합하여 한강 상류 지역을 차지했습니다. 그러고는 백제로부터 한강 하류 지역을 빼앗고 가야까지 차지해 통일의 발판을 마련했습니다.

월성

경상북도 경주시에 있는 '월성'은 신라의 궁궐이 있던 도성입니다. 성의 모양이 반달처럼 생겼다 하여 '반월성' 또는 '신월성'이라고도 하며, '왕이 있는 성'이라 하여 '재성'이라고도 합니다. 신라 제5대 임금인 파사왕 22년에 성을 쌓고, 금성에서 월성으로 도성을 옮겼다고 전해집니다. 월성은 신라 왕들의 궁성이었으며, 제30대 문무왕 때에는 안압지, 임해전, 첨성대 등을 포함시켜 성의 규모가 커졌습니다.

▲ 월성, 사적 제16호

🌿 금궤에서 나온 김알지

신라에서는 박씨, 석씨, 김씨가 왕이 되었습니다. 그러다가 내물왕 때에 이르러 김씨가 왕위를 독차지하면서 왕권이 안정되어 번영을 이룰 수 있었지요. 김씨의 선조는 '김알지'입니다. 탈해왕 때의 일로, 어느 날 밤 '호공'이라는 사람이 길을 가다가 계림 숲 속에 밝게 빛나는 것을 보았습니다. 다가가 보니 자줏빛 구름이 하늘에서 땅까지 뻗친 가운데 빛이 나는 황금 궤 하나가 나뭇가지에 걸려 있었고, 그 나무 밑에서는 닭이 울고 있었습니다. 호공은 이 사실을 탈해왕에게 알렸고, 탈해왕이 직접 가서 궤를 열었습니다. 궤 속에 한 아이가 있어, 탈해왕이 궁궐로 데리고 왔지요. 아이가 금(金)궤에서 나와서 성을 '김(金)'으로 하고, '어린아이'라는 뜻으로 '알지'라고 불렀습니다.

순수비를 세운 진흥왕

진흥왕은 백제와 고구려의 틈바구니에서 한강 유역의 기름진 땅을 차지하여 통일의 기반을 마련했습니다. 진흥왕은 직접 이 땅을 둘러보고는 북한산에 기념비를 세웠습니다. 또 이사부가 대가야를 멸망시키자 중앙의 귀족들과 지방을 다스리던 사람들을 창녕으로 불러 모아 결속을 다진 뒤, 창녕에도 기념비를 세웠지요. 진흥왕은 북쪽으로 눈길을 돌려 함흥평야까지 세력을 넓히고는 마운령과 황초령에도 기념비를 세웠습니다. 이렇게 진흥왕은 새로 차지한 영토를 직접 찾아가 백성들을 다독거린 뒤 기념비를 세워 그 사실을 널리 알렸습니다.

골품제

신라 사회의 가장 큰 특징 중 하나는 '골품제'입니다. 골품제는 신라가 작은 나라들을 정복한 뒤 지방 귀족들을 중앙 귀족으로 만드는 과정에서 생겨난 제도입니다. 골품은 크게 성골과 진골, 그리고 6두품으로 나뉘어 있었습니다. 신라 사람들은 골품에 따라 정치와 사회 활동이 결정되었습니다. 성골과 진골만이 왕위에 오를 수 있었고, 6두품은 아찬 벼슬까지만 오를 수 있었습니다. 결혼도 같은 골품끼리 하는 것이 원칙이었습니다.

고구려

황초령비 오늘날의 함경남도 장진군 황초령 꼭대기에 세워진 진흥왕 순수비입니다. 진흥왕의 순수비 4개 중 제일 먼저 발견되었습니다.

마운령비 오늘날의 함경남도 이원군 운시산 마운령에 세워진 진흥왕 순수비입니다. 진흥왕이 568년 8월 21일에 여러 신하들을 거느리고 이곳에 와서 백성의 마음을 살피고 이를 기념하는 비를 세웠습니다.

순장 제도

신라에는 지배자나 그 부인이 죽었을 때 산 사람을 함께 묻는 장례 풍습이 있었는데, 이를 '순장'이라 합니다. 순장은 사람이 죽은 뒤에도 평상시의 생활을 계속한다는 믿음에서 시작되었지요. 왕이나 왕후가 죽으면 신하나 하인을 함께 묻었습니다. 순장은 우리나라뿐만 아니라 전 세계적으로 공통적인 현상이었습니다. 하지만 불교가 들어온 뒤 이 제도를 없앴습니다.

▲ 북한산비, 국보 제3호, 국립중앙박물관 소장

북한산비

▲ 신라의 큰 무덤에는 흙으로 빚은 작은 인형을 비롯해서, 집이나 배, 동물 모양으로 만든 토기들이 들어 있습니다. 이것들을 **토우**라고 하지요. 토우는 당시 신라 사람들이 어떻게 살았는지 엿볼 수 있는 귀중한 자료입니다. 국립경주박물관 소장

황 해

신라

554년에 백제가 가야와 연합하여 오늘날의 충청북도 옥천군에 있는 **관산성**에 쳐들어오자 신라는 백제의 성왕을 죽이고, 백제군 3만 명을 모조리 무찔렀습니다.

562년에 진흥왕이 **대가야**를 **정복**함으로써 가야 연맹은 통일 국가를 이루지 못한 채 해체되었습니다.

지증왕 13년인 512년에 이사부가 우산국을 정복했습니다.

동 해

◀ **황남대총 북분에서 나온 금관**으로, 나무와 사슴 뿔 모양의 금판 위에 푸른색 굽은옥을 단 아름다운 신라 금관입니다. 국립중앙박물관 소장

백제

532년에 **금관가야**의 구형왕이 신라에 항복했습니다. 이로써 42년에 수로왕이 세운 금관가야는 490년 만에 멸망하고 말았습니다.

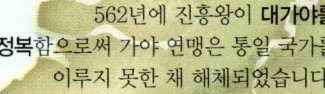
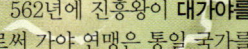
창녕비

대릉원은 경상북도 경주시 황남동에 있는 거대한 고분군입니다. 금관총, 서봉총, 천마총, 미추왕릉, 황남대총 등 무려 23기의 고분이 대릉원에 모여 있습니다.

▲ 대릉원

 진흥왕 순수비   --- 점선은 6세기경 신라 전성기 때의 영역을 표시한 것입니다.

가야의 발전과 한계

서기전 2~1세기 무렵, 오늘날의 북한 서쪽 지역에서 철을 잘 다루는 사람들이 남쪽으로 옮겨 오면서 가야의 작은 나라들은 발전하기 시작했습니다. 작은 나라는 모두 12개였는데, 보통 오늘날의 군이나 면 정도 크기였지요. 이 작은 나라들은 처음에는 비슷했으나 점차 강한 나라가 생겨나 약한 나라들과 연맹을 맺고 이들을 지배했습니다.

초기에는 김해를 중심으로 세워진 금관가야(구야국)가 연맹을 주도했습니다. 그러나 금관가야는 400년에 고구려 광개토대왕의 공격으로 큰 피해를 입었습니다. 이때부터 대가야가 작은 나라들을 이끌었습니다. 대가야는 479년, 중국 남제에 사신을 보낼 정도로 가야 연맹의 국제적 위상을 높이기 위해 노력했습니다. 6세기 들어 가야는 영토 확장을 위해 세력을 뻗어 오는 백제와 신라의 틈바구니에서 많은 어려움을 겪었습니다. 견디다 못한 금관가야가 532년에 신라에 항복했고, 562년에 대가야까지 신라에 의해 멸망함으로써 가야는 역사에서 사라지게 되었습니다.

▲ 고령에서 출토되었다고 전해지는 대가야의 **금관**, 국보 제138호, 국립김해박물관 소장

경상북도 성주군에는 성산의 줄기를 따라 크고 작은 무덤들이 모여 있습니다. 이 고분들은 **성산가야**를 다스리던 우두머리들의 무덤으로, 지금까지 129기가 확인되었습니다.

대가야가 있던 경상북도 고령군의 지산동 일대에서 200여 기의 무덤이 발견되었습니다. 이곳 32호분에서는 금동관이 출토되었습니다.

경상남도 합천군에 있는 **월광사**는 대가야의 마지막 태자인 월광 태자가 여생을 보낸 곳이라고 전해집니다. 월광사 앞 동서쪽에는 '3층 석탑' 2개가 나란히 서 있습니다.

경상남도 함안군에는 여항산 기슭을 따라 대형 고분들이 늘어서 있습니다. 이곳은 **아라가야**의 대표 유적인 **말이산 고분군**으로, 무덤에서는 불꽃무늬 굽다리 접시, 갑옷 등 풍부한 철기가 나왔습니다.

경상남도 산청군 주상리에는 **금관가야**의 마지막 임금인 구형왕이 묻혔다는 **전구형왕릉**이 있습니다. 구형왕은 신라 김유신의 할아버지로, 521년에 왕이 되어 532년에 신라에 영토를 넘겨줄 때까지 11년간 왕위에 있었습니다.

경상남도 의령군은 대가야의 궁정 악사인 **우륵**이 태어난 곳입니다. 우륵은 대가야의 힘이 약해지자 신라로 넘어가 신라 악공들에게 가야금을 가르쳤습니다.

경상남도 김해시에 있는 **대성동 고분군**에서는 토기류를 비롯해 동복, 파형 동기, 통형 동기 등의 청동기와 각종 옥류 및 다양한 철기가 나왔습니다.

경상남도 창원시에는 후기 가야 연맹의 한 나라인 **탁순국**이 있었습니다. 탁순국은 지리적 이점을 이용하여 백제와 일본을 연결하는 교통로가 되었으나 540년경 신라에 항복했습니다.

부산광역시 **복천동** 일대의 구릉 위에서 가야 시대 무덤들이 발견되었습니다. 여러 차례의 발굴 과정에서 굽다리 접시, 철제 갑옷을 비롯한 2000점 이상의 다양한 유물이 나왔습니다.

--- 점선은 전기 가야 연맹의 영역입니다.

가야의 시조, 김수로왕

건국 신화에 의하면, 김수로왕은 42년 3월의 어느 날 하늘에서 내려보낸 사람입니다. 구지봉(오늘날의 경상남도 김해시 구산동)에 내려온 황금 상자 속에는 6개의 알이 있었는데, 수로왕은 그중 제일 먼저 알에서 나와 '수로'라 불렸으며, 금관가야의 임금이 되었습니다. 나머지 5명도 각각 아라가야, 고령가야, 대가야, 성산가야, 소가야의 왕이 되었다고 합니다.

인도 아유타국 공주와 파사 석탑

《삼국유사》에 의하면 수로왕의 왕비는 인도 아유타국의 공주인 허황옥입니다. 허황옥은 수로왕이 임금이 된 지 여러 해가 지난 어느 날 배를 타고 긴 여행을 한 끝에 오늘날의 경상남도 김해시에 위치한 망산도 앞바다까지 오게 되었지요. 이 사실을 전해 들은 수로왕은 무척 기뻐하며 왕비로 맞아들였습니다. 허황옥은 인도에서 올 때 파도를 잠재우기 위해 석탑을 싣고 왔다고 전해집니다. 이 석탑은 우리나라에 없는 '파사석'으로 만들어져 있어, 허황옥이 인도에서 가져왔다는 추측을 뒷받침해 줍니다.

▶ **파사 석탑**

◀ 대성동 고분군에서 나온 **목항아리 그릇받침**, 국립김해박물관 소장

덩이쇠, 국립김해박물관 소장 ▲

철의 왕국, 가야

가야가 발전할 수 있었던 것은 풍부한 철 덕분이었습니다. 가야의 덩이쇠는 대부분 기다란 직사각형의 판자 모양으로, 크기가 비슷합니다. 덩이쇠는 철판 중간을 약간 잘록하게 해서 노끈으로 묶어, 들고 다닐 수 있도록 만들었습니다. 덩이쇠는 당시 화폐처럼 사용되었는데, 실제로 가야 유적에서는 철판이 묶인 채 땅속에 묻혀 있는 것이 발견되기도 합니다. 가야의 덩이쇠는 한나라나 동예, 일본에서도 사갈 정도로 인기가 있었습니다.

▲ 대성동 고분군

국외에 떨친 고구려 문화

드넓은 유라시아 대륙과 연결되어 있던 고구려는 중국, 일본뿐 아니라 내륙 아시아와도 교류하면서 개성이 강한 문화를 이루었습니다. 제17대 소수림왕 때에는 중국 전진으로부터 불교를 받아들여 나라를 다스리는 이념으로 삼았습니다. 왕들이 적극적으로 불교를 널리 알리면서 고구려에는 찬란한 불교문화가 발달했지요. 또 고구려 사람들은 실크로드를 따라 중앙아시아를 지나 멀리 서아시아나 인도까지 오갔습니다.

고구려 서쪽인 영주(오늘날의 중국 랴오닝 성에 있는 차오양)는 중국의 화베이와 몽골로 이어지는 초원길의 출발 지점이었습니다. 이 길을 따라 서역 사람들이 고구려에 왔는데, 그 모습이 고분 벽화에 남아 있습니다. 실크로드는 고구려 사신들이 서역으로 가는 통로이기도 했습니다. 사마르칸트(오늘날의 우즈베키스탄 동부) 아프라시압 도성 벽화에는 와르후만 왕을 찾아간 고구려 사신이 그려져 있습니다. 당시 고구려 사신들은 서역의 끝자락에까지 가서 고구려를 널리 알린 것입니다.

몽골 오르콘 강변에는 돌궐 제국의 영웅인 퀼 테긴을 기리는 **돌궐비**가 세워져 있습니다. 이 비석의 내용 중에는 6세기 돌궐 왕 무한 카간이 죽었을 때 고구려에서 조문 사절을 보냈다는 기록이 있습니다.

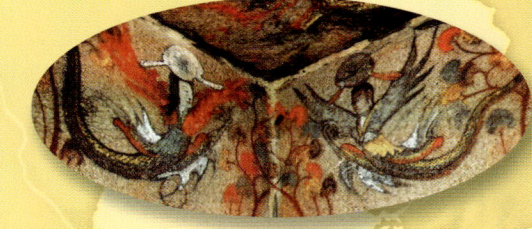

중국 산시 성에는 당나라 고종의 둘째 아들인 이현의 묘가 있습니다. 이 무덤에 그려진 **예빈도**에는 새 깃털이 꽂혀 있는 조우관을 쓴 고구려 사신 모습도 있습니다.

실크로드

고구려와 서역의 교류는 실크로드(비단길)를 통해 이루어졌습니다. 실크로드는 중국의 비단이 이 길을 통해 서양으로 전해졌기 때문에 붙여진 이름입니다. 실크로드는 장안(오늘날의 시안)에서 출발하여 둔황을 지나는 사막길과 중국의 신장웨이우얼 자치구 우루무치와 우즈베키스탄 중동부에 있는 사마르칸트를 지나는 초원길, 그리고 인도에서 홍해를 거쳐 동로마의 수도인 콘스탄티노플까지 통하는 바닷길이 있었습니다. 이 길들을 통해 중국의 비단이 로마까지 전해졌고, 로마의 카펫, 청동기, 유리 제품 등이 동쪽으로 수출되었습니다.

벽화에 그려진 해신과 달신

중국 지린 성 지안 시에 있는 오회분 4호묘에는 해신과 달신이 그려져 있습니다. '복희'라고 불리는 해의 신은 남자인데, 두 손으로 해를 받쳐 들어 머리 위에 이고 있습니다. 사람의 몸에 주작의 날개, 용의 꼬리를 한 특이한 모습이지요. 해 안에는 세 발 달린 까마귀가 들어 있습니다. '여와'로 불리는 달신도 역시 사람의 몸에 용의 꼬리를 달고 있습니다. 머리에는 달을 이고 있으며, 달 안에는 두꺼비가 들어 있습니다. 고구려 사람들은 해와 달이 저승 세계를 지켜 주리라 믿었기 때문에 무덤 벽에 그려 넣게 된 것입니다.

▶ 1965년, 우즈베키스탄 사마르칸트 시 아프라시압 도성에서 7세기 후반의 사마르칸트 왕인 와르후만의 벽화가 발견되었습니다. 와르후만 왕이 12명의 외국 사절단을 만나는 내용의 벽화이지요. 이 벽화의 끝 쪽에 새 깃털을 꽂은 모자를 쓰고 칼자루가 둥근 긴 칼을 찬 두 사람이 있습니다. 새 깃털 모자나 칼자루가 둥근 환두대도는 고구려 귀족들이 사용하던 것으로, 이들은 고구려에서 온 사신일 것입니다.

중국 지린 성 지안 현에 있는 **각저총**에는 **각저도**(씨름하는 장면을 그린 그림)가 있습니다. 그래서 이 무덤을 '각저총'이라 부릅니다.

▶ 남포특급시 강서구역 수산리 고분의 **귀족 여인**입니다. 7세기에 만들어진 일본의 다카마쓰 고분 벽화에도 이와 비슷한 옷차림이 그려져 있는데, 고구려의 영향을 받았음을 알 수 있습니다.

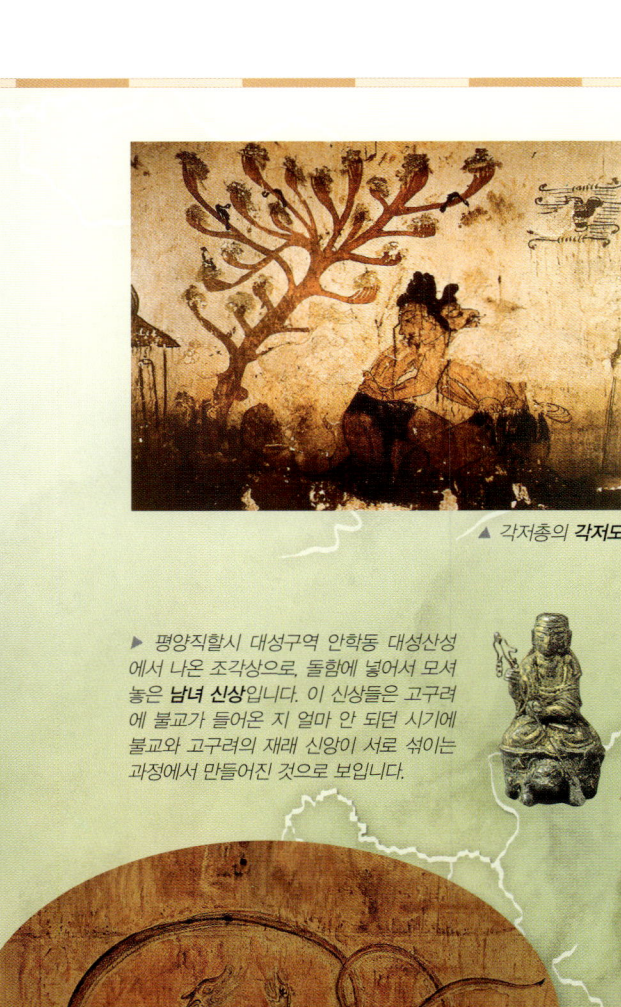

▲ 각저총의 **각저도**

▶ 평양직할시 대성구역 안학동 대성산성에서 나온 조각상으로, 돌함에 넣어서 모셔 놓은 **남녀 신상**입니다. 이 신상들은 고구려에 불교가 들어온 지 얼마 안 되던 시기에 불교와 고구려의 재래 신앙이 서로 섞이는 과정에서 만들어진 것으로 보입니다.

▲ 사불정토도

🌿 호류 사의 금당 벽화

610년에 일본으로 건너간 고구려의 승려 담징은 나라 현에 있는 호류 사에 머물면서 오경과 불법을 가르쳤습니다. 채색 종이와 먹 만드는 법, 수차 제작법도 전해 주었지요. 설화에 의하면 담징이 호류 사에 머물 때 고구려는 수나라와 전쟁 중이었습니다. 근심에 싸여 있던 담징은 고구려가 수나라를 크게 이겼다는 소식을 듣고 기쁜 마음에 호류 사의 금당에 〈사불정토도〉를 그렸다고 합니다. '금당 벽화'로 더 잘 알려진 이 그림은 경주의 '석굴암', 중국의 '운강 석불'과 함께 동양의 3대 미술품으로 유명합니다. 그러나 1949년 1월, 수리 중에 불타 지금은 모사화 일부가 남아 있을 뿐입니다.

▶ 평안남도 강서군 강서대묘의 북벽에 그려져 있는 **현무도**입니다. 똬리를 틀고 꿈틀거리는 뱀의 모습에서 고구려의 힘찬 기상을 느낄 수 있습니다.

▲ 황해남도 안악군 안악3호분에 그려져 있는 **차고**의 모습입니다. 고구려 귀족은 나들이를 가거나 길을 나설 때 소가 끄는 수레를 타고 다녔습니다.

황 해

동 해

옛 신라 지역인 경상남도 의령 지방에서 **연가 7년명 금동 여래 입상**이 발견되었습니다. 이 불상은 연도가 나타나는 유물로는 우리나라에서 가장 오래된 불상입니다.

◁ **연가 7년명 금동 여래 입상**, 국보 제119호, 국립중앙박물관 소장

일본 나라 현 아스카 촌에 있는 **기토라 고분 천장**에서 **별자리 그림**이 발견되었습니다. 이 그림은 고구려에서 전해진 것으로 생각됩니다.

▲ 평양직할시 평천구역에서 나온 **금동 미륵 보살 반가 사유상**은 하나밖에 없는 고구려의 반가 사유상이라 더욱 귀중한 유물입니다. 국보 제118호, 리움미술관 소장

해상 왕국, 백제

한강 유역에 자리 잡은 백제는 해상 교통로를 이용해 일찍부터 중국 및 일본과 교류하면서 화려한 문화를 꽃피웠습니다. 중국으로 가는 직항로가 없던 시절, 백제는 고구려 해안선을 따라 거슬러 올라가서 랴오둥(요동) 반도 남단을 거친 후 덩저우에 이르는 바닷길을 이용했습니다. 하지만 고구려의 방해로 자유로이 중국을 드나들기 힘들었지요. 이를 괘씸하게 여긴 근초고왕은 고구려를 공격하여 오늘날의 황해도 해안을 차지하고는, 황해를 가로질러 중국 산둥 반도로 가는 항로를 개척했습니다. 이때부터 백제는 강력한 해상 왕국으로 발돋움할 수 있었습니다. 또한 중국이 북방 민족의 침입으로 분열되자 이 틈에 랴오허(요서) 지역으로 진출했습니다.

고구려의 장수왕에게 한강 유역을 빼앗기면서 백제는 한때 큰 위기를 맞았습니다. 그러나 위험을 무릅쓰고 금강 하구에서 황해를 건너 양쯔 강에 이르는 항로를 개발해 중국 남조와 활발하게 교류를 이어 갔습니다. 일본과는 주로 나라 지방에 이르는 가장 짧고 안전한 항로를 이용해 활발히 교류했습니다. 황해를 이용한 백제는 수백 년에 걸쳐 다양한 외래 문물을 받아들여 세련미 넘치는 백제 문화를 형성했습니다.

랴오둥 반도

미륵사는 제30대 임금인 무왕 때 세워진 절로, 삼국 시대의 절 중 가장 큰 절입니다. 미륵사는 절터만 해도 5만 평이 넘으며, 건물을 세우는 데 36년이나 걸렸다고 합니다. 하지만 지금은 국보 제11호인 **미륵사 터 석탑**만 남아 있지요.

백제는 4세기에 오늘날의 백령도 부근 초도에서 중국의 **산둥 반도 츠산(적산)**으로 연결되는 직항로를 개척하면서 본격적으로 해외에 진출했습니다.

덩저우
츠산
산둥 반도

동 해

정림사는 성왕이 오늘날의 충청남도 부여군으로 도읍을 옮긴 뒤 지은 절입니다. 정림사 절터에는 **5층 석탑**이 남아 있는데, 백제를 대표하는 가장 아름다운 석탑으로 꼽힙니다.

황 해

황해를 바라보고 있는 오늘날의 충청남도 **서산시**에 있는 **마애 삼존불상**은 모두 천진하고 한없이 너그러운 미소를 짓고 있어, '백제인의 미소'라 불립니다.

▶ 무령왕릉에서 나온 **동탁 은잔**. 국립공주박물관 소장

황해 항로를 이용하던 배들은 오늘날의 전라북도 부안군 **죽막동**에 들러 항해의 안전을 비는 제사를 드리곤 했습니다.

금 강

왕인의 고향인 전라남도 **영암군**에는 왕인이 마셨다는 우물과 왕인이 일본으로 떠날 때 제자들이 세웠다는 **왕인 석상**이 남아 있습니다. 머리에 유건을 쓰고 소매가 늘어진 도복을 입은 유학자의 모습입니다.

근초고왕은 평양성 전투에서 승리한 뒤 372년, 중국 동진에 사신을 보내 이 사실을 알렸습니다. 동진에서는 근초고왕에게 '영낙랑태수'라는 직책을 내렸습니다.

남 해

《양직공도》에 그려진 백제 사신

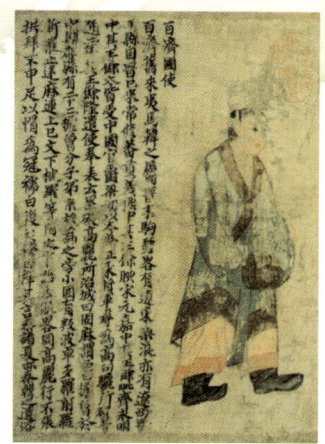

《양직공도》는 중국 양나라 때인 520년대 후반에서 530년대에 걸쳐 만들어진 그림책입니다. 양나라에 사신을 보낸 여러 나라에 대해 설명하고, 사신의 모습을 담아 놓았지요. 이 그림책에는 백제 사신도 그려져 있습니다. 백제 사신은 말쑥한 얼굴에 하얀색 관모를 쓰고 있습니다. 겉옷은 푸른색이 감도는 비단옷으로, 옷깃과 소매와 아랫단에 갈색 천을 덧대었습니다. 여기에 붉은색 아랫단을 댄 누런 비단 통바지를 입고 검정색 가죽신을 신었지요.

▲ 일본의 목조 미륵보살 반가상

▲ 7세기 백제의 것으로 생각되는 **금동 미륵보살 반가 사유상**은 우리나라 불상을 대표하는 작품입니다. 약간 숙인 얼굴, 반원을 그린 듯한 부드러운 눈썹, 눈썹 아래 지긋이 내리깐 눈, 오똑한 코와 입가에 살며시 미소를 머금은 모습이 온화하고 아름답습니다. 이와 비슷한 생김의 불상이 일본 교토의 코류 사에 있는데, 바로 일본 국보 제1호인 목조 미륵보살 반가 사유상입니다. 목조 미륵보살 반가상은 생김새가 백제 금동 미륵보살 반가 사유상과 쌍둥이 같아 백제에서 만든 것으로 생각되고 있습니다.
국보 제83호, 국립중앙박물관 소장

▲ **무령왕릉**은 충청남도 공주시 송산리 6호분 배수로 공사를 하다가 우연히 발견되었습니다. 무덤 입구에 두 장의 지석(죽은 사람과 관련된 내용을 적어 묻은 판석)이 있어, 무덤 주인이 523년에 세상을 떠난 제25대 임금인 무령왕임이 밝혀졌습니다. 무령왕릉에서는 총 108종 2906점의 귀중한 유물이 발굴되었습니다. 중국에서 만든 것도 많이 출토되어 무령왕 시대에 중국 남조와 활발히 교류한 흔적을 전해 주고 있습니다.
사적 제13호

▲ 무령왕릉에서 나온 **금관 꾸미개**, 국립중앙박물관 소장

일본에 유학을 전한 왕인

근초고왕은 덩이쇠와 칼뿐 아니라 일본 왕에게 오경박사 왕인을 보내 유학을 전해 주기도 했습니다. 오경박사는 유교의 경전인 《역경》, 《서경》, 《시경》, 《예기》, 《춘추》 등 오경을 강의하던 벼슬을 말합니다. 왕인은 《논어》 5권과 《천자문》 1권을 직접 베껴 가서 태자와 신하들에게 한자와 경전을 가르쳤다고 합니다.

일본 나라 현에 있는 호류 사에는 백제 왕이 쇼토쿠 태자에게 보낸 것으로 전해지는 **백제 관음상**이 있습니다. 이 관음상은 높이 2.8m의 목조 입상으로, 백제 불상에서 보이는 따뜻하고 다정한 미소를 머금고 있습니다.

◀ **금동 대향로**는 백제 나성과 능산리 무덤들 사이에 있는 한 구덩이에서 4500여 점의 유물과 함께 발견되었습니다. 높이가 64cm나 되며, 몸체와 뚜껑이 나누어집니다. 뚜껑에는 23개의 산들이 4~5겹을 이루고 있고, 그 속에는 악기를 연주하는 사람, 말 탄 사람, 다양한 동물들이 가득 들어 있습니다. 꼭대기에는 봉황이 여의주를 품고 날개를 펄럭이며 서 있지요. 몸체에는 활짝 피어난 연꽃 속에서 불사조와 물고기들이 노닐고 있습니다. 받침대는 용이 연꽃을 물고 하늘로 솟아오르는 모양이지요. 이 향로는 백제 예술의 아름다움을 잘 표현했다는 평가를 받고 있습니다.
국보 제287호, 국립부여박물관 소장

신라의 불교문화

527년, 신라에서는 불교를 나라 종교로 인정했습니다. 제23대 임금인 법흥왕이 왕위에 오른 지 15년째 되는 해였지요. 신라에 불교가 전해진 것은 제19대 임금인 눌지왕 때입니다. 고구려의 승려 묵호자가 불교를 전해 주었지요. 제21대 임금인 소지왕 때는 궁궐에서 예불을 드리는 승려까지 둘 정도로 불교가 널리 퍼져 있었습니다. 그러나 신라에서는 귀족들과 토착 신앙의 저항이 강해서, 불교가 국교로 인정되기까지 오랜 세월이 필요했지요.

법흥왕은 신라가 발전하기 위해서는 신앙의 통일이 꼭 필요하다고 생각했습니다. 이런 법흥왕의 고민을 잘 알고 있던 이차돈은 신라의 토착신들을 모시는 천경림에 절을 지어 불교를 널리 알리고자 했지요. 하지만 귀족들의 반대에 부딪혔고, 법흥왕은 하는 수 없이 이차돈을 죽이고 말았습니다. 이차돈의 순교에 힘입어, 법흥왕은 불교를 나라 종교로 삼을 수 있었습니다.

불교를 국교로

신라에서는 법흥왕 때까지도 불교가 인정받지 못했습니다. 귀족들은 각각 받드는 신이 달랐고, 종류도 다양했습니다. 이들을 완벽하게 신라의 백성으로 만들기 위해서는 모두가 하나의 종교를 믿게 할 필요가 있었지요. 법흥왕은 그 종교가 바로 '인과응보설'과 '윤회 사상'을 중심으로 하는 불교라고 생각했습니다. 인과응보는 착한 일을 하면 보답을 받고 악한 일을 하면 벌을 받는다는 사상입니다. 일반 백성들은 불교를 믿으면서 착한 일을 하면 죽은 뒤의 삶이 바뀐다고 믿게 되었습니다. 불교는 귀족의 특권도 인정해 주었기 때문에, 점점 귀족들의 지지 아래 발전했습니다.

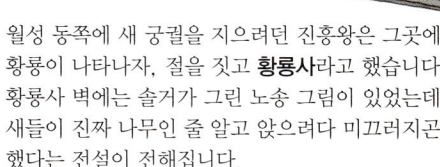

월성 동쪽에 새 궁궐을 지으려던 진흥왕은 그곳에 황룡이 나타나자, 절을 짓고 **황룡사**라고 했습니다. 황룡사 벽에는 솔거가 그린 노송 그림이 있었는데, 새들이 진짜 나무인 줄 알고 앉으려다 미끄러지곤 했다는 전설이 전해집니다.

불법으로 다스리다

제26대 진평왕이 아들 없이 죽자, 첫째 딸인 '덕만'이 왕위에 올랐습니다. 선덕여왕은 신라 최초의 여왕이었는데, 귀족들은 여자가 왕이 되었다며 불만이 많았습니다. 자장 스님은 선덕여왕에게 황룡사에 9층탑을 세우고 불법으로 나라를 다스리라고 권했습니다. 이에 선덕여왕은 높이가 무려 80m나 되는 9층탑을 세웠습니다.

성덕대왕 신종

경덕왕은 아버지인 성덕왕의 업적을 기리기 위해, 구리 12만 근을 들여 큰 종을 만들기 시작했으나 완성하지 못하고 죽었습니다. 이에 아들인 혜공왕이 종을 완성하고 '성덕대왕 신종'이라고 했습니다. 성덕대왕 신종은 만들 때 아기를 시주하여 넣었다는 애틋한 이야기가 전해지고 있어, '에밀레종'이라고도 불립니다.

◀ **성덕대왕 신종**, 국보 제29호, 국립경주박물관 소장

◀ 천마총에서 나온 말다래에 '천마'가 그려져 있었습니다. 이 그림이 천마도인데, 자작나무 껍데기를 여러 겹으로 겹쳐서 누빈 뒤 그 위에 하늘을 나는 천마를 능숙한 솜씨로 그렸습니다. 국보 제207호, 국립중앙박물관 소장

▲ 경상북도 경주시 남산 봉화골 칠불암에는 **마애 불상군**이 있습니다. 마애 불상군은 바위 동쪽 면에 삼존불을 새기고 돌기둥 네 면에 불상을 조각한 것입니다. 삼존불은 중앙에 '여래 좌상'을 두고 좌우에는 '협시보살 입상'을 조각해 놓았지요. 본존불은 미소가 가득 담긴 얼굴과 풍만하고 당당한 자세를 하고 있어, 자비로운 부처님의 힘을 드러내고 있습니다. 협시보살도 당당한 체구에 소탈한 웃음을 머금고 있습니다. 국보 제312호

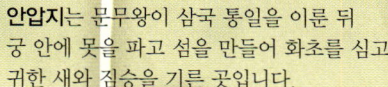
안압지는 문무왕이 삼국 통일을 이룬 뒤 궁 안에 못을 파고 섬을 만들어 화초를 심고 귀한 새와 짐승을 기른 곳입니다.

첨성대는 천체의 움직임을 관찰하던 신라 시대의 천문 관측대로, 선덕여왕 때 세워진 것으로 생각됩니다.

'향기 나는 임금의 절'이라는 뜻의 **분황사**는 선덕여왕이 세운 절입니다.

포석정은 63개의 돌로 전복 모양의 도랑을 만들어 물이 흐르게 한 정원입니다. 왕과 귀족들은 포석정에 둘러앉아 술잔을 나누며 즐겼습니다.

신문왕이 죽자 제32대 임금인 효소왕은 아버지의 명복을 위해, **3층 석탑**을 세웠습니다. 제33대 성덕왕은 이 탑 안에 사리와 불상을 넣고 신문왕과 효소왕의 명복을 빌었습니다.

사천왕사 위 낭산 꼭대기에는 **선덕여왕릉**이 있습니다. 선덕여왕은 죽을 날을 미리 알고 이곳에 장사 지내 달라고 했습니다.

불국사   석굴암

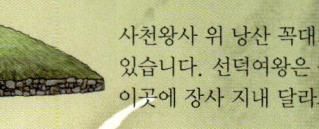
경주시 남산 용장사 계곡에 있는 **3층 석탑**은 자연의 돌을 받침으로 삼고, 그 위에 다듬은 돌로 위층 기단 3개를 올린 석탑입니다.

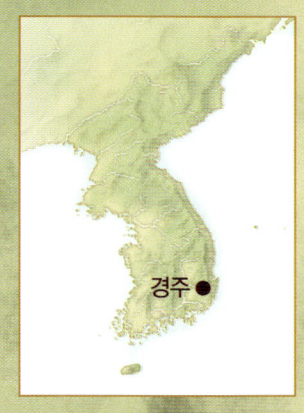
경주

불국사와 석굴암
경주 서쪽 모량리에 '김대성'이라는 젊은이가 홀어머니를 모시고 조그마한 밭을 일구며 살고 있었습니다. 그러던 어느 날 흥륜사 스님이 찾아와 밭을 절에 시주하면 큰 복을 받을 것이라고 말했습니다. 김대성은 흔쾌히 밭을 시주했고, 그로부터 얼마 지나지 않아 갑자기 죽게 되었습니다. 그런데 김대성이 죽은 날, 신라의 재상인 김문량은 "모량리의 대성이라는 아이가 곧 너희 집에 태어날 것이다."라는 하늘의 소리를 듣게 됩니다. 김문량의 부인은 얼마 뒤 아이를 낳았고, 아이의 손바닥에는 '대성'이라고 쓰여 있었습니다. 뒷날 재상에까지 오른 김대성은 현재의 부모를 위해 '불국사'를 짓고, 전생의 홀어머니를 위해 '석굴암'을 지었다고 합니다.

▲ 불국사 전경, 사적 제502호

고구려의 전쟁

수나라가 중국을 통일하면서 고구려는 큰 위기를 맞았습니다. 수나라와 랴오허 강을 사이에 두고 서로 마주 보게 된 것이지요. 이에 제26대 임금인 영양왕은 유리한 위치를 차지하려고 랴오허를 먼저 공격했습니다. 수나라의 문제는 곧 군사를 모아 쳐들어왔으나, 홍수와 풍랑을 만나 되돌아갔지요. 612년, 문제의 뒤를 이은 양제가 113만 대군을 이끌고 요동성(오늘날의 중국 랴오닝 성 랴오양 시)을 공격했습니다. 그러나 성을 함락시키지 못하자 돌격대를 평양으로 보냈지요. 하지만 30만 명의 수나라 돌격대는 을지문덕 장군의 지략에 걸려 살수(오늘날의 청천강)에서 대부분 전사했습니다.

수나라에 이어 당나라도 고구려를 삼키려는 욕심을 드러냈습니다. 이에 고구려는 천리장성을 쌓아 당나라의 침입에 대비했습니다. 당나라 태종은 645년, 10만 대군을 이끌고 직접 고구려를 침략했으나 안시성을 함락시키지 못한 채 시간만 보내다가 날씨가 추워져 어쩔 수 없이 군대를 돌려야 했습니다.

을지문덕과 살수 대첩

612년, 수나라 문제의 뒤를 이은 양제가 113만 3800명이라는 대군을 이끌고 랴오허 강을 건넜습니다. 수나라 군사는 곧바로 요동성을 공격했지만, 쉽게 함락시키지 못했지요. 이에 양제는 우문술과 우중문에게 돌격대를 이끌고 평양성을 공격하게 했습니다. 수나라 군사는 평양성 30리 밖까지 나아갔지만, 식량은 바닥나고 군사들은 피곤에 지쳐 갔습니다. 수나라 군사는 뒤늦게 후퇴하다가 살수에서 을지문덕을 만났습니다. 을지문덕은 살수 강물을 막아 놓았다가 수나라 군대가 건너고 있을 때 터 버렸습니다. 결국 30만 5000명의 수나라 병사 중 살아서 돌아간 사람은 2700명뿐이었습니다.

> **중국을 통일한 수나라**
> 589년, 수나라 문제는 약 3000여 년간 나뉘어 있던 중국 대륙을 통일하는 데 성공했습니다. 문제는 나라 안이 점차 안정을 찾자, 나라 밖으로 눈을 돌렸지요. 마침 돌궐은 동서로 분열되어 서로 다투고 있어서, 수나라는 돌궐을 가볍게 복속시켰습니다. 그리고 나서 문제는 고구려를 삼키려는 전쟁 준비를 시작한 것입니다.

안시성 싸움

645년, 요동성과 백암성을 삽시간에 함락시킨 당나라 군대는 안시성 앞에 이르렀습니다. 당나라 군대는 양만춘이 지키고 있는 안시성을 하루에 5~6차례씩 세차게 공격했으나, 한 달이 지나도록 함락시키지 못했습니다. 그러자 당나라 군사들은 흙을 져 날라 토성을 쌓기 시작했습니다. 10만 명이 몇 날 며칠 흙을 져 나르니, 성벽보다 높은 산이 생겼지요. 당나라 군사들은 그 토산으로 올라가 화살을 쏘아 댔습니다. 그때 갑자기 토산의 한쪽 끝이 와르르 무너져 내렸고, 그 충격으로 안시성 성벽도 무너졌습니다. 이때 고구려 군사들은 재빨리 무너진 곳으로 몰려 나와 토산을 점령해 버렸습니다. 안시성에서 시간만 허비하던 당나라 군사들은 겨울이 오자 철수하고 말았습니다.

▲ **안시성**이 있던 곳

백제와 고구려의 멸망

　의자왕에게 40여 개의 성을 빼앗긴 신라는 김춘추를 고구려로 보내 군사를 요청했습니다. 그러나 고구려는 오히려 신라가 차지한 고구려의 옛 땅을 내놓으라고 으름장을 놓았지요. 도망치다시피 신라로 돌아온 김춘추는 당나라로 건너갔습니다. 김춘추는 당나라 황제인 태종에게 함께 백제를 공격한 뒤 고구려를 공격하자고 제안합니다. 여러 번 고구려에 원정을 갔지만 번번이 실패한 당나라로서는 매우 솔깃한 제안이었습니다. 마침내 660년, 소정방이 이끄는 13만 대군이 산둥 반도를 출발해 기벌포로 향했습니다. 이에 맞추어 김유신이 이끄는 신라군 5만 명도 황산벌로 출발했습니다. 백제의 계백 장군은 5000명의 결사대를 이끌고, 죽기를 각오하며 황산벌에서 신라군을 기다렸습니다. 계백 장군과 결사대는 힘껏 싸웠으나 모두 전사하고 말았습니다. 얼마 뒤 신라와 당나라 연합군(나당 연합군)은 손쉽게 백제의 사비성을 함락시키고 의자왕의 항복을 받았습니다. 나당 연합군은 다시 고구려를 공격하여, 지도층의 분열로 국력이 약해진 고구려마저 멸망시켰습니다.

백제 마지막 왕, 의자왕

641년, 의자왕이 무왕의 뒤를 이어 백제 제31대 임금이 되었습니다. 의자왕은 태자 때부터 부모를 지극히 섬기고 동생들을 잘 돌봐 '해동증자'라고 불렸습니다. 왕위에 오른 의자왕은 직접 신라를 공격하여 40여 성을 빼앗는 등 나라를 바로 세우는 데 힘썼지요. 그러나 의자왕은 밤낮으로 술과 놀이로 세월을 보내기 시작했습니다. 이를 안타까워 한 충신들이 죽음을 무릅쓰고 잘못을 바로잡으려 했으나 의자왕은 듣지 않았고, 결국 나당 연합군에게 나라를 빼앗기고 말았습니다.

황산벌 싸움

김유신이 이끄는 신라군이 탄현을 넘어 황산벌(오늘날의 충청남도 논산시)로 진군하고 있다는 소식을 들은 의자왕은 부랴부랴 계백 장군을 불러 신라군을 막으라고 명령했습니다. 5000명의 결사대를 모집한 계백 장군은 황산벌에 먼저 도착하여 신라군을 기다렸습니다. 뒤늦게 도착한 김유신은 부대를 3개로 나누어 공격했습니다. 똘똘 뭉친 백제군은 네 번의 싸움에서 승리를 거두었습니다. 그러나 반굴과 관창 같은 신라의 어린 화랑들은 죽음을 무릅쓰고 싸워, 백제의 결사대를 물리쳤습니다.

🌿 성충과 흥수

성충은 의자왕이 술과 놀이에 빠져 나랏일을 팽개치자, 이를 말리다가 노여움을 사서 옥에 갇혔습니다. 성충은 옥에서도 나라 걱정을 하며, 곧 외적이 쳐들어올 것이니 적들이 탄현(오늘날의 식장산 고개)과 기벌포(오늘날의 금강 하구)를 넘어오기 전에 막아야 한다는 유서를 남기고 죽었습니다. 흥수도 역시 의자왕에게 바른말을 하다가 유배를 당했습니다. 660년, 나당 연합군이 물밀듯이 쳐들어오자 다급해진 의자왕은 흥수의 유배지에 사람을 보냈고, 흥수는 적이 기벌포와 탄현을 통과하지 못하게 하라고 당부했습니다. 그러나 의자왕은 이조차도 지키지 못하고 우왕좌왕하다가 끝내 나라를 빼앗겼습니다.

산둥 반도

◀ 백제가 멸망할 당시 3000명의 궁녀가 떨어졌다고 전해지는 **낙화암**

🌿 반굴과 관창

신라군은 황산벌에서 번번이 패하여 사기가 땅에 떨어졌습니다. 그러자 신라 장수 김흠춘이 아들인 반굴을 불러 신라군의 모범이 되라고 당부했지요. 이에 반굴은 홀로 말을 몰아 백제 진영으로 달려갔습니다. 하지만 반굴은 몇 번 싸우다가 곧바로 적의 칼에 맞아 쓰러지고 말았습니다. 이번에는 장수 김품일이 관창을 불러 똑같은 부탁을 했습니다. 관창도 창을 들고 적진으로 뛰어들었습니다. 백제군은 관창을 사로잡았으나 겨우 열다섯 살밖에 안 된 것을 알고 차마 죽일 수 없어 살려 보냈습니다. 그러자 관창은 다시 말을 타고 적진으로 달려갔습니다. 계백 장군은 어쩔 수 없이 관창의 목을 베어 말안장에 매어 보냈습니다. 관창의 용감한 행동을 본 신라군은 다시 힘을 내 마침내 황산벌에서 승리를 거두었습니다.

연개소문과 김춘추의 만남

642년, 대야성(오늘날의 경상남도 합천군) 싸움에서 의자왕에게 사위와 딸을 한꺼번에 잃은 신라의 김춘추는 그해 겨울, 비밀리에 고구려로 가서 백제를 공격할 예정이니 지원군을 보내 달라고 청했지요. 그러나 연개소문은 "죽령은 본시 우리 땅이니, 이를 돌려준다면 군사를 보내 주겠다."고 했습니다. 김춘추는 "영토와 같은 중대한 문제를 혼자 결정할 수 없다."며 버텼고, 화가 난 고구려 왕은 김춘추를 두 달 동안 가두었습니다. 김춘추는 자신을 풀어 주면 왕에게 말해 한강 유역을 돌려주겠다는 거짓 약속을 하고서야 신라로 돌아올 수 있었습니다.

고구려의 멸망

연개소문에게는 세 아들이 있었습니다. 665년에 연개소문이 죽자 첫째 아들인 남생이 권력을 물려받았습니다. 그런데 남생이 지방을 살피러 떠난 사이, 동생인 남건과 남산이 권력을 가로챘지요. 동생들의 반란 소식을 전해 들은 남생은 당나라로 몸을 피했습니다. 이 사실을 잘 알고 있던 당나라 고종은 고구려 정벌을 떠나며 남생을 앞장세웠습니다. 평양성 백성들이 성문을 굳게 닫아걸고 버티자, 남생은 첩자를 성안으로 보내 성문을 열어 주는 사람에게 큰 상을 내리겠다고 꼬드겼습니다. 그리하여 성문이 열렸고 668년, 평양성은 나당 연합군에게 점령당하고 맙니다.

668년, 당나라가 고구려를 공격한 경로

668년 9월, 나당 연합군에 의해 **평양성**이 함락되면서 고구려는 멸망했습니다.

▲ 평양성

668년, 신라가 고구려를 공격한 경로

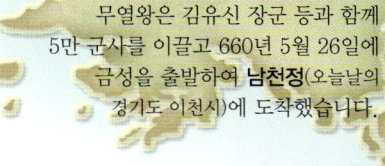
무열왕은 김유신 장군 등과 함께 5만 군사를 이끌고 660년 5월 26일에 금성을 출발하여 **남천정**(오늘날의 경기도 이천시)에 도착했습니다.

동 해

당항성은 오늘날의 경기도 화성시에 있는 성으로, 668년 6월 12일에 당나라 장수 유인궤가 신라 장군 김삼광과 함께 이곳에서 고구려 정벌 작전을 논의했습니다.

덕물도는 오늘날의 인천광역시 옹진군 덕적도로, 신라 무열왕의 태자인 법민이 병선 100척과 함께 당나라 군대를 맞이하고 백제 정벌을 의논한 곳입니다.

황 해

660년, 당나라가 백제를 공격한 경로

660년, 신라가 백제를 공격한 경로

의자왕은 사비성이 함락되자 **웅진성**으로 피신하였으나, 다시 사비성으로 돌아가 항복했습니다.

사비성 웅진성
탄현
황산벌
기벌포 금마저

나당 연합군이 **사비성**을 포위하자 백제 왕자 융과 대좌평 천복이 항복했습니다.

대야성

사비성을 함락한 당나라 장수 소정방은 **정림사 터 5층 석탑**에 자신의 공적을 새겨 넣었습니다.

▲ 정림사 터 5층 석탑, 국보 제9호

신라와 당나라의 전쟁

승리의 기운도 잠시, 신라는 당나라를 상대해야 했습니다. 당나라는 옛 고구려 땅에 안동도호부, 백제 땅에는 웅진도독부, 신라 땅에는 계림도독부를 두어 우리나라 땅을 독차지하려 했지요. 신라는 백제와 고구려 땅에서 부흥 운동을 벌이고 있던 부흥군을 도우며 당나라를 견제했습니다. 특히 고구려 왕족인 안승에게는 '보덕왕'이라는 칭호를 내리고, 안승을 따르는 고구려 유민들에게 살 땅을 마련해 주었습니다.

675년, 신라는 20만 명의 당나라 군대와 매소성(오늘날의 경기도 연천군)에서 맞붙었습니다. 신라군은 매소성을 겹겹이 에워싸고 공격하여 당나라군에게 큰 피해를 입혔습니다. 또 다음 해에는 기벌포에서 당나라 수군과 싸워 큰 승리를 거두었지요. 마침내 당나라는 대동강 이남 땅에서 완전히 물러났습니다. 신라의 삼국 통일은 비록 불완전했지만, 우리 민족이 처음으로 이룬 통일이라는 데 의의가 있습니다.

통일을 이룬 문무왕

신라의 제30대 임금인 문무왕은 당나라와 힘을 합쳐 고구려를 무너뜨린 뒤, 당나라를 몰아내기까지 기나긴 전쟁을 치렀습니다. 그리고 5년쯤 지났을 무렵, 문무왕은 죽음을 미리 알고 유언을 했습니다. 유언은 "죽거든 땅속에 묻지 말고 동해 물속에 묻어 달라."는 것이었습니다. 왜구들이 틈만 나면 바다를 건너와 노략질을 하니, 죽은 뒤 동해의 용이 되어서라도 왜구의 침입을 막겠다는 뜻이었습니다. 문무왕이 숨을 거두자, 뒤를 이은 신문왕은 아버지의 유언을 받들어 문무왕을 화장한 뒤 동해의 바위섬에 모셨습니다. 이때부터 사람들은 이 바위섬을 '대왕암'이라 불렀습니다.

▲ *대왕암*, 사적 제158호

백제 부흥 운동

사비성을 함락시킨 뒤 당나라는 백제의 옛 땅에 웅진도독부를 설치했으나, 일부 지역 말고는 통제력이 미치지 못했습니다. 이 틈을 타 백제의 장군인 흑치상지는 임존성(오늘날의 충청남도 예산군 대흥면)을 근거지로 삼아 백제의 옛 성들을 되찾았습니다. 또 왕족인 복신과 승려인 도침도 주류성(오늘날의 충청남도 서천군의 건지산성으로 추정)에 근거지를 두고 부흥 운동을 펼쳤습니다. 이들은 일본에서 왕자인 부여 풍을 데려와 왕으로 세웠고, 200여 성을 회복했지요. 그러나 복신이 도침을 죽이고, 풍이 또 복신을 죽이는 내분이 생겨 부흥 운동은 실패하고 말았습니다.

🌿 흑치상지

흑치상지는 7척(약 212cm)이 넘는 키에 용감하고 지략이 뛰어난 장군입니다. 그는 의자왕이 항복하자 어쩔 수 없이 칼을 놓았으나, 수많은 백제 사람들이 당나라로 끌려가는 것을 보고 참았던 울분을 터뜨렸습니다. 마침내 흑치상지는 가까운 족장 10여 명과 함께 임존성을 근거지로 삼아 부흥 운동을 펼쳤습니다. 하지만 백강에서 벌어진 전투에서 부흥군이 지고 임존성이 포위를 당하자 항복했습니다. 이후 당나라로 건너간 흑치상지는 토번(오늘날의 티베트)과 돌궐(오늘날의 터키)을 공격하는 데 큰 공을 세워 이름을 알렸습니다.

백강 전투

백제 부흥군이 사비성과 웅진성의 식량 보급로를 끊어 버리자, 웅진도독부는 위기에 처했습니다. 이에 당나라는 지원군을 보내 웅진도독부를 도왔지요. 큰 장벽을 만난 부흥군은 우왕좌왕하다가, 부여 풍이 복신을 죽이고 말았습니다. 위기에서 벗어나기 위해 부흥군은 고구려와 일본에 사신을 보내 응원군을 요청했지요. 얼마 뒤 일본에서 대규모 군대를 보내왔습니다. 부여 풍은 백제와 일본 연합군을 이끌고 백강(오늘날의 금강 어귀)에서 유인궤가 이끄는 당나라 수군과 맞붙었습니다. 네 번에 걸친 전투에서 부흥군은 400척의 배를 잃고 크게 지고 말았습니다. 부여 풍은 배를 타고 고구려로 망명했고, 주류성이 함락당하면서 백제를 다시 일으켜 세우려는 노력도 물거품이 되었습니다.

669년, 당나라는 평양에 **안동도호부**를 설치하였다가 고구려 부흥 운동이 일어나자 옛 요동성으로 옮겼습니다. 그 뒤에도 안동도호부는 신성, 평주, 랴오허로 옮겨졌다가 756년 이후 폐지되었습니다.

매소성은 신라가 675년 9월에 20만 명의 당나라 군대를 크게 물리쳐 당나라 육군을 완전히 소탕한 곳입니다.

오늘날의 경기도 파주시에 있는 **칠중성**에서, 675년 2월에 신라군은 유인궤가 이끄는 당나라 군대와 싸웠지만 지고 말았습니다.

 한성

동해

황해

임존성

주류성

백제가 멸망한 뒤 **웅진도독부**가 설치되었으나, 신라가 당나라를 몰아내면서 사라졌습니다.

문무왕은 **금마저**에 '보덕국'을 세우고 고구려 왕족 안승을 왕으로 세웠습니다. 안승은 금마저에서 항복해 온 고구려 유민들을 다스렸습니다.

676년에 **기벌포**에서 승리함으로써, 신라는 당나라군을 완전히 몰아냈습니다.

당나라는 **계림도독부**를 설치하여 신라를 완전히 지배하려 했으나, 신라의 끈질긴 항쟁으로 뜻을 이루지 못했습니다.

세 가지 보물

신라에는 나라를 지켜 준다는 세 가지 보물이 있었습니다. 바로 황룡사의 '장륙삼존 금불상'과 '9층탑', 그리고 '천사옥대'입니다. 장륙삼존 금불상은 진흥왕 때 인도의 아육왕이 배에 실어 보냈다는 황금과 철로 만든 불상입니다. 장륙삼존 금불상은 매우 영험하여 왕의 죽음을 땀을 흘려 예언하기도 했습니다. 천사옥대는 제26대 임금인 진평왕이 왕위에 오르자 하늘신이 선물로 보내준 것입니다. 황룡사의 9층탑은 자장 율사가 당나라에서 유학하고 돌아와 선덕여왕에게 건의해 만든 것입니다. 신라 사람들은 이 세 가지 보물에 신비한 힘이 담겨 있어서 나라를 지켜 준다고 믿었습니다.

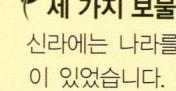

◀ 황룡사 9층 목탑(복원품), 국립경주박물관 소장

고구려의 부흥 운동

고구려가 멸망한 뒤 검모잠은 한성(오늘날의 황해남도 재령군)에서 부흥 운동에 나섰습니다. 검모잠은 왕족인 안승을 왕으로 추대하고 한편으로는 신라와도 연합했습니다. 그리하여 670년, 고구려 장수인 고연무와 신라 장군인 설오유가 이끄는 연합군이 랴오둥 지역을 되찾기 위해 진격했습니다. 그러나 당나라 군대의 반격을 받고 후퇴했지요. 하지만 신라는 안승을 고구려의 왕으로 세우고 부흥군을 도우며 당나라를 견제했습니다. 671년, 고구려 부흥군은 안시성이 당나라 군대에 함락되고 연이어 전투에서 패배하자, 더 이상 싸울 힘을 잃고 신라로 들어갔습니다. 신라는 금마저(오늘날의 전라북도 익산시)에 땅을 마련하여 고구려 유민들을 살게 했습니다.

발해의 건국

고구려 유민인 대조영은 고구려를 되찾겠다는 뜻을 품고 무리들과 함께 랴오허 강을 건너 동쪽으로 갔습니다. 추격해 오는 당나라 군대를 물리치고 동모산 기슭에 도착한 대조영은 고구려 유민과 말갈 사람들을 모아 '진국'을 세웠습니다. 대조영은 곧 고구려의 옛 땅을 거의 되찾고, 나라 이름을 '발해'로 고쳤습니다. 이로써 대동강을 경계로 북쪽에는 발해, 남쪽에는 신라가 자리 잡는 '남북국 시대'가 되었습니다.

발해는 제2대 무왕과 제3대 문왕 대에 나라의 기틀이 마련되었습니다. 무왕은 대장군 장문휴로 하여금 덩저우를 공격하게 하여 당나라를 견제했고, 북쪽에 있는 돌궐과 바다 건너에 있는 일본과 친하게 지냈습니다. 무왕의 아들인 문왕은 아버지가 다져 놓은 기반 위에 여러 가지 제도를 마련하는 등 내부 정비에 힘썼습니다. 이후 발해는 제10대 선왕 때 말갈족을 거의 통합하여 연해주를 차지했고, 랴오양(요양) 일대까지 지배하며 전성기를 누렸습니다.

고구려 유민, 대조영

고구려 유민인 대조영은 아버지인 걸걸중상과 함께 랴오허 강 서쪽에 있는 영주에 살았습니다. 당시 영주에는 고구려 유민들과 거란 사람, 말갈 사람들이 살고 있었습니다. 이들은 당나라 관리들의 가혹한 세금에 시달리고 있었지요. 엎친 데 덮친 격으로 흉년까지 들자 거란 사람들이 들고 일어났습니다. 이때 걸걸중상도 만주 동쪽으로 이동하여 세력을 키웠지요. 걸걸중상의 움직임을 눈여겨보던 당나라가 군대를 보내 진압하려 했고 걸걸중상은 용감하게 싸웠지만 지고 말았습니다. 이에 대조영은 무리들과 함께 험하고 가파른 천문령 고개로 피한 뒤, 당나라 군대를 고개 가운데로 몰아넣고 싸워 크게 이겼습니다.

위세가 사방에 떨쳐질 큰 나라

천문령 싸움에서 크게 이긴 대조영은 698년에 무리를 이끌고 동모산으로 가서 나라를 세우고, '진국'이라고 했습니다. 진국은 '위세를 사방에 떨칠 큰 나라'라는 뜻과 '동방의 나라'라는 뜻을 함께 가지고 있습니다. 새 나라의 왕이 된 대조영은 '대'를 자신의 성으로 삼았습니다. 대는 '높고 위대하다.'는 고구려의 '고'와 뜻이 통하는 것으로, 이는 대조영이 고구려를 계승하려는 뜻을 분명히 한 것으로 볼 수 있습니다.

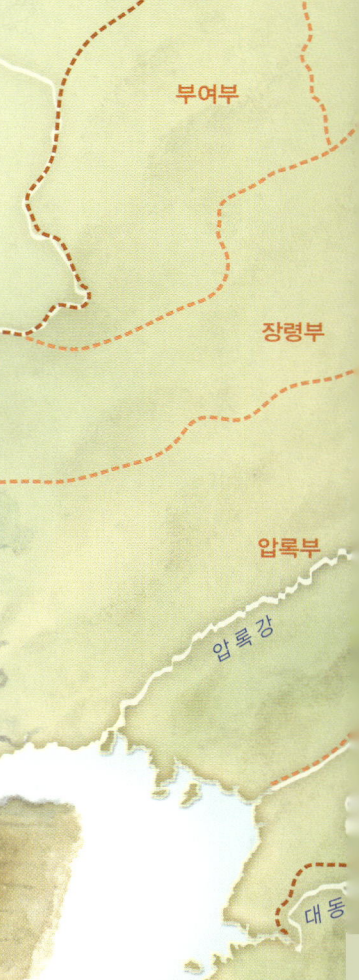

해동성국

발해는 선왕 때 크게 발전했습니다. 대부분의 말갈 부족을 통합하여 연해주 지역을 차지했고, 랴오양 일대까지 지배했지요. 또한 5경 15부 62주의 행정 구역을 완성하고, 통치 조직을 다시 정비하여 전성기를 누렸습니다. 이때 당나라는 발해를 '바다 동쪽의 융성한 나라'라는 뜻으로 '해동성국'이라 부르며, 발해의 세력이 넓고 강하다는 것을 인정했습니다.

당나라는 북쪽 헤이룽 강 연안에 살던 **흑수 말갈**과 손을 잡고 발해를 공격하려 했습니다. 이에 무왕은 흑수 말갈을 공격하여 크게 이겼습니다.

▲ 상경성에서 나온 **용머리**

오늘날의 중국 헤이룽장 성 닝안 시 보하미진에 있는 **상경성**에서는 7개의 궁전과 여러 개의 절터가 발견되어 영화로운 발해의 역사를 말해 주고 있습니다.

1949년, 중국 지린 성 둔화 현의 **육정산**에서 문왕의 둘째 딸인 정혜 공주의 무덤이 발굴되었습니다.

오늘날의 중국 지린 성 훈춘 시인 동경 용원부 자리, **팔련성 터**에서 인자한 얼굴을 한 발해 돌부처가 발굴되었습니다.

▶ 동경 용원부 팔련성에서 나온 **두 부처**로, 하나의 불상 받침을 반으로 나누어 석가모니 부처와 다보 부처가 나란히 앉아 있습니다. 일본 도쿄 대학 문학부 소장

신라와 접경 지역인 **남경 남해부**는 발해의 군사 요충지였습니다. 발해는 이곳에 흙으로 성을 쌓아 신라의 침입에 대비했습니다.

▲ 정효 공주 무덤

🌱 정효 공주

정효 공주는 문왕의 넷째 딸로, 아버지의 사랑을 독차지했습니다. 그러나 사랑하는 남편이 먼저 세상을 떠나고 어린 딸마저 일찍 죽으면서 불행해졌습니다. 결국 슬픔을 이기지 못한 정효 공주는 36세의 이른 나이에 죽었습니다. 딸을 잃은 문왕은 슬픔에 겨워 잠도 자지 못하고 먹지도 못할 정도였다고 합니다. 이러한 사실은 1980년에 정효 공주 무덤이 발견되면서 세상에 알려졌습니다.

상경 용천부

상경 용천부는 170여 년 동안 발해의 수도였습니다. 상경성은 당나라의 장안성을 본떠 만든 계획 도시로, 장안성에 이어 동아시아에서 두 번째로 큰 도시였습니다. 상경성은 도시 전체를 외성으로 에워싼 다음, 성안 북쪽에 궁궐을 지었습니다. 궁궐에는 남문을 중심으로 빙 둘러 성벽을 쌓았는데, 이것을 '궁성'이라 불렀습니다. 그리고 궁궐 남문에서 바깥 성 남문까지 쭉 뻗은 주작대로를 냈습니다. 주작대로는 마차 12대가 지나갈 수 있는 넓은 길이었지요. 주작대로 양쪽에는 사각형으로 칸을 나누어 집과 상점을 세웠습니다. 이 거리는 동서 양쪽으로 가로세로 11개의 거리가 뻗어 있어, 위에서 보면 바둑판과 비슷했습니다.

통일 신라의 발전

기나긴 전쟁이 끝나자 신라에는 평화가 찾아왔습니다. 영토와 주민들이 크게 늘어나, 이에 걸맞은 새로운 제도가 필요했지요. 문무왕의 뒤를 이어 왕위에 오른 제31대 신문왕은 정치와 지방 제도, 토지 제도 등을 정비했습니다. 특히 왕의 명령이 잘 실행될 수 있도록 집사부 위주로 나랏일을 처리했지요. 또 확대된 영토를 9주로 나누고, 주 밑에는 군, 군 밑에 현, 현 밑에 촌을 두었습니다. 또 전국 곳곳에 작은 서울 다섯 군데(5소경)를 두어 정복한 지역의 귀족들이 옮겨 와 살게 했습니다.

군대는 왕의 직속 군대인 '9서당'과 지방군인 '10정'을 만들었습니다. 토지 제도는 귀족들의 경제적인 힘을 줄이기 위해 '관료전'으로 바꾸었지요. 이렇게 새로운 제도가 점차 자리를 잡아가면서 왕의 권한은 점점 강해졌습니다. 통일 신라는 경제적으로 풍요로웠으며, 화려한 문화를 꽃피웠습니다.

▲ 안압지

9주 5소경

신문왕은 넓어진 영토를 효율적으로 다스리기 위해 지방 제도를 크게 고쳤습니다. 전국을 9주로 나누고, 주와 군과 현에 지방관을 파견했습니다. 옛 신라와 가야 땅을 3주, 옛 백제 땅을 3주, 옛 고구려 땅을 3주로 나눈 것입니다. 또 군사와 행정의 요지에 5경인 북원경(오늘날의 강원도 원주시), 중원경(오늘날의 충청북도 충주시), 서원경(오늘날의 충청북도 청주시), 남원경(오늘날의 전라북도 남원시), 금관경(오늘날의 경상남도 김해시)을 설치했습니다. 5경은 도읍인 금성이 지역적으로 한쪽에 치우쳐 있는 결점을 보완하는 역할도 했습니다. 소경에는 정복한 국가의 귀족들을 강제로 이주시켰으며, 이들을 통제하기 위해 중앙에서 관리를 보냈습니다.

안압지

삼국 통일 직후인 674년, 문무왕은 월성 동쪽에 태자가 머물 동궁을 지었습니다. 동궁 주위에 '월지'라는 연못을 만들어 주위에 화초를 심고, 아름다운 새와 진기한 동물들을 길렀지요. 연못가에서 왕과 신하들은 가끔 연회를 열었는데, 연회에는 무희와 악사들이 참여하여 흥을 돋우었습니다. 신라가 멸망하기 전, 경순왕이 이곳에서 고려 태조인 왕건을 위해 잔치를 베풀기도 했습니다. 신라가 멸망한 뒤 폐허가 된 이곳에 기러기와 오리가 날아드는 것을 보고 '안압지'라고 부르게 되었습니다. 오늘날에는 안압지 일부가 복원되었습니다.

🌱 집사부

통일 뒤 늘어난 영토와 주민들을 다스리기 위해서는 새로운 제도가 필요했습니다. 이에 신문왕은 나라의 중요한 일들을 집사부의 우두머리인 시중에게 처리하도록 했습니다. 집사부는 제28대 임금인 진덕여왕 때 품주를 개편하여 만든 최고의 행정 기관으로, 주로 국가의 기밀과 정치를 관장하던 곳입니다. 나라의 중요한 일을 상대등을 거치지 않고 집사부의 시중이 직접 처리하게 되면서 왕권도 강력해졌습니다.

호화로운 귀족, 고통받는 백성

통일이 되자 신라 귀족들은 무척 호화로운 생활을 했습니다. 전쟁에서 공을 세워 받은 토지와 물려받은 토지, 녹봉 등으로 어마어마한 부를 누렸지요. 귀족들은 대부분 도읍인 금성에 살며, 비싼 숯으로 밥을 해 먹었습니다. 이 무렵 금성에는 17만 8900여 가구가 살았는데, 초가집은 한 채도 없고 모두 기와집이었다고 합니다. 그중에는 금으로 장식한 집도 있었습니다. 철이 바뀔 때마다 옮겨 살 수 있는 별장을 가진 귀족들도 많았지요. 이렇게 귀족들의 생활이 호화로운 반면, 일반 백성들은 많은 세금과 노역을 감당해야 했습니다.

촌락 문서

통일 신라 시대 백성들의 생활을 보여 주는 자료로 '촌락 문서(신라장적)'가 있습니다. 신라에서는 세금을 매기기 위해서 3년마다 한 번씩 각 마을을 조사한 뒤 촌락 문서를 만들었습니다. 일본의 보물창고인 쇼소인(정창원)에서 발견된 촌락 문서는 서원경에 속한 4개 마을을 조사한 기록입니다. 이 촌락 문서에는 마을 이름과 마을에 있는 집, 사람 수, 기르고 있는 소와 말, 땅의 면적과 과실나무의 수까지 자세히 적혀 있었습니다. 신라에서는 이 문서에 따라 세금을 거두어들였습니다.

녹읍과 관료전

신라에서는 관료들에게 월급 대신 '녹읍'이라는 토지를 주었습니다. 삼국 통일 뒤 나라가 안정되자, 신문왕은 녹읍을 폐지하고 '관료전'을 만들었습니다. 이제 관료들은 나라에서 받은 땅에서 곡식만 거두어들일 수 있게 된 것입니다. 특산물이나 백성들의 노동력을 거둬들이지 못하게 되면서 관료들의 수입은 예전보다 줄게 되었습니다.

신라 말에 이엄이 오늘날의 황해남도 해주시 광조사에 **수미산문**을 새로 세웠습니다. 수미산문을 마지막으로 '9산 선문(아홉 갈래의 대표적인 선종의 승려 집단)'이 완성되었습니다.

오늘날의 경기도 하남시에 있는 **이성산성**의 저수지에서 '무진년 정월 13일'이라고 쓰인 **목간**이 나왔습니다. 목간은 나무를 얇게 깎아 글을 적는 나뭇조각으로 관청의 문서나 편지로 사용했습니다.

오늘날의 강원도 강릉시 굴산사지에는 9산 선문 중 하나인 **사굴산문**을 세운 범일 스님의 부도(승려의 사리나 유골을 넣은 묘탑)가 남아 있습니다.

◀ 오늘날의 경상북도 경주시에 있는 백률사에서 나온 통일 신라의 **금동 약사여래 입상**, 국보 제28호, 국립경주박물관 소장

최치원이 신라 말 9산 선문 중 하나인 성주산문을 일으킨 승려 무염의 공덕을 기려 비문을 지었는데, 이 비가 충청남도 보령군 성주사 터에 있는 **낭혜화상 백월보광탑비**입니다.

웅천주(오늘날의 충청남도 공주시)의 도독인 김헌창은 822년에 자신의 아버지인 김주원이 원성왕에 밀려 왕위에 오르지 못한 것에 원한을 품고 반란을 일으켰습니다.

▲ **무구정광 대다라니경**, 국보 제126호, 불교중앙박물관 소장

세계에서 가장 오래된 목판인쇄물인 **무구정광 대다라니경**이 오늘날의 경상북도 경주시에 있는 불국사 **석가탑** 안에서 발견되었습니다.

금관가야는 신라 영토에 편입될 때 금관군이 되었다가 680년에 소경을 설치하면서 **금관경**이 되었습니다.

경상남도 하동군 쌍계사 대웅전 앞에 있는 **진감선사 대공탑비**에는 학자인 최치원이 신라의 고승인 혜소의 공덕을 기려 직접 글을 쓴 비문이 있습니다.

▲ **진감선사 대공탑비**, 국보 제47호

한산주(한주) · 수약주(삭주) · 하서주(명주) · 북원경 · 중원경 · 서원경 · 웅천주(웅주) · 사벌주(상주) · 금성 · 완산주(전주) · 청주(강주) · 삽량주(양주) · 남원경 · 금관경 · 무진주(무주)

--- 9주의 구분   ● 5소경

통일 신라의 대외 교류

통일 뒤 신라에는 평화가 찾아오면서 농업과 상업이 크게 발달했습니다. 상품에 대한 수요가 늘자 도읍인 금성에 '서시'와 '남시'라는 시장을 설치해 교역을 도왔습니다. 신라는 당나라를 비롯해 발해, 일본과도 활발한 무역을 했습니다. 신라는 뛰어난 항해술과 조선술을 가지고 있었기 때문에, 당나라와 일본을 오가는 중계 무역을 해서 많은 이득을 얻었습니다. 신라 상인들은 산둥 반도 해안가와 같은 교통 요지에 '신라방'을 설치해 집단으로 거주하면서 무역 일을 했습니다.

무역이 활발해지면서, 무역선을 호시탐탐 노리는 해적들도 활개를 쳤습니다. 해적들은 육지까지 올라와서 사람들을 잡아다가 노예로 팔았습니다. 신라 사람들이 노예로 팔려 가는 것을 여러 번 지켜본 장보고는 몹시 화가 났습니다. 당나라 벼슬을 그만두고 신라로 돌아온 장보고는 제42대 임금인 흥덕왕의 허락을 받아 청해진을 설치했지요. 청해진에서 1만 명의 군사를 잘 훈련시켜 해적들을 모조리 몰아내 바닷길을 안전하게 지켰습니다. 이후 청해진은 중국 대륙과 한반도, 일본 열도를 잇는 해상 무역의 중요한 거점이 되었습니다.

활기 넘친 시장

원래 금성에는 '동시'라는 시장이 있었는데 통일 뒤 영토가 넓어지고 나라 살림이 커지면서, 서시와 남시라는 시장이 더 생겼지요. 시장에는 포목점, 철물점, 그릇 가게, 고깃간 등이 있어, 생활에 필요한 물건들을 모두 팔았습니다. 시장은 항상 사람들로 북적였고, 사람들은 쌀이나 옷감을 들고 와 필요한 물건으로 바꾸어 갔습니다. 또한 시장에는 화려한 비단 신발을 비롯해, 파란 보석으로 장식한 빗, 화려한 천, 고급 도자기와 향료, 예쁜 무늬를 넣은 양탄자 등 귀족들의 사치품을 파는 가게도 많았습니다. 시장은 '시전'이라는 관청에서 감독했습니다.

해상왕, 장보고

장보고는 당나라의 진귀한 물건들을 일본에 팔아 큰 이득을 보았습니다. 장보고는 바다 무역을 한 손에 쥔 '해상왕'이 되었지요. 그러자 신라 귀족들은 장보고의 힘을 이용하려 했습니다. 장보고는 왕위 다툼에서 밀려난 김우징을 도와 왕위에 앉혔는데, 바로 제45대 신무왕입니다. 장보고는 신무왕의 아들과 자신의 딸을 결혼시켜 정권을 잡으려 했지만, 진골 귀족들은 장보고가 평민이라며 반대했습니다. 뜻을 이루지 못한 장보고는 원망과 울분에 휩싸였습니다. 그러자 장보고의 힘을 두려워한 귀족들은 염장이라는 사람을 보내 장보고를 살해했습니다. 이후 청해진은 문을 닫았고 신라 무역도 쇠퇴했습니다.

🌱 아라비아 상인

신라 상인들은 당나라의 도읍인 장안을 드나들며 교역을 했습니다. 당시 장안은 중앙아시아나 동남아시아뿐 아니라 멀리 아라비아 사신과 상인들도 줄지어 찾아오는 국제 도시였습니다. 장안에서 신라 상인들은 아라비아 상인과 무역을 했으며, 아라비아 상인들은 금성에 와서 양탄자나 유리그릇, 보석을 비롯한 사치품을 팔았습니다. 오늘날의 경상북도 경주시 외동읍에 있는 괘릉에는 '무인상'이 있는데, 신라에 온 아라비아 상인의 모습을 본떠 만든 것으로 전해지고 있습니다.

무인상, 보물 제1427호 ▶

장보고는 산둥 반도에 있는 **적산포 법화원**에 절을 세우고 부하들의 활동 근거지로 삼았습니다.

발해

신라 상인들은 고급 천과 금은으로 장식한 공예품, 인삼을 포함한 약재, 말, 모피류를 당나라에 가져가 비단, 서적, 약재, 자기 등으로 바꿨습니다.

동해

당나라와 신라 사이에 교역이 빈번해지면서 당나라에는 신라 사람들이 모여 사는 마을이 생겨났습니다. 중국 산둥 반도에 있던 **신라방**은 바로 신라 사람들이 직접 꾸려 나가는 마을이었지요.

오늘날의 경기도 화성시 남양동은 당나라로 가는 중요 길목이었습니다. 신라는 이곳에 당성진을 설치하고 산성인 **당항성**을 쌓았습니다.

▲ 송림사 5층 벽돌탑, 보물 제189호

경상북도 칠곡군 동명면에 있는 **송림사 5층 벽돌탑**에서 발견된 사리 장치에는 서역에서 들어온 사리 그릇이 있습니다. 큰 유리잔 표면에 이란 사산 왕조 계통의 둥근 무늬가 새겨져 있습니다.

황해

시장에서는 중국 장안에서 들여온 서역 사치품들이 비싼 값에 팔렸습니다.

중국에서 청자를 수입하던 장보고는 **강진**에서 청자를 직접 만들게 했습니다.

금성

울산광역시 개운포에 있는 **처용암**은 아랍 사람으로 생각되는 처용의 전설을 간직하고 있습니다.

오늘날의 일본 교토 시에 있는 적산서원에 모셔진 **신라 명신상**은 장보고라고 전해집니다. 일본 사람들은 긴 항해에 나갈 때 명신상 앞에서 안전을 빌었습니다.

전라남도 완도 앞바다의 작은 섬인 장도는 신라와 당나라, 일본 간 해상 무역에 중요한 길목이었습니다. 828년, 장보고는 장도에 **청해진**을 설치하고 서남 해안의 해상권을 손에 넣었습니다.

▲ 장보고가 장도에 청해진을 설치하고 당나라와 **무역을 할 때 운항하던 배**를 복원한 모습입니다.

◀ 미추왕릉 지구에서 나온 **황금 장식 보검**입니다. 그리스, 로마, 이집트, 서아시아 지역에서 유행하던 보검으로 동서 문화 교류의 증거물입니다. 국립경주박물관 소장

일본의 나라 현에 있는 왕실 유물 창고, **쇼소인**에는 안압지에서 나온 금동 가위와 비슷한 모양의 가위가 보관되어 있습니다.

인도에 간 혜초

성덕왕 때 태어난 혜초는 어린 나이에 '불법을 깨닫겠다.'는 뜻을 품고 당나라에 갔습니다. 그는 인도 승려인 금강지 밑에서 공부하다가 천축국(인도)까지 여행하게 되었습니다. 혜초는 석가모니가 열반에 든 쿠시나가라를 비롯하여 석가모니가 깨달음을 얻은 뒤 처음으로 다섯 비구에게 설법했다는 녹야원 등 불교 성지를 두루 살펴보았습니다. 그리그 중앙아시아와 페르시아, 대식국 등지를 4년 동안 여행하고 다시 당나라 장안으로 돌아왔지요. 혜초는 여행에서 보고 들은 여러 풍습들을 《왕오천축국전》에 담았습니다. 《왕오천축국전》은 내용이 풍부하고 정확하여 8세기 세계사 연구에 귀중한 자료가 되고 있습니다.

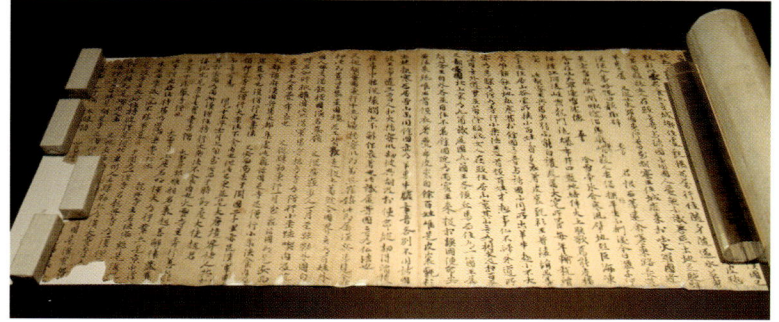

▲ 혜초 스님이 쓴 《**왕오천축국전**》은 둔황 석굴에 묻혀 있다가 1000년의 세월을 뛰어넘어 1908년에 프랑스 사람인 펠리오에게 발견되어 알려졌습니다. 《왕오천축국전》은 발견될 때 책 제목도 글쓴이도 모두 떨어져 나간 불과 230여 행 6000여 자가 기록된 두루마리였습니다. 하지만 많은 학자들이 오랜 시간 연구하여 끝내 신라의 스님인 혜초가 쓴 것임을 밝혀냈지요. 《왕오천축국전》은 '오천축' 그러니까 '인도를 여행하고 난 후의 기록'이라는 뜻입니다. 파리 국립도서관 소장

발해의 발전과 교류

　발해는 문왕 대에 이르러 만주와 연해주(시베리아 아래쪽)를 아우르는 대제국이 되었습니다. 문왕은 넓은 영토를 잘 다스리고 대외 무역을 활발히 하기 위해 다섯 개의 교통로를 만들었습니다. '발해 5도'라고 불리는 이 길은 당나라로 가는 '조공도'와 '영주도', 신라로 가는 '신라도', 일본으로 가는 바닷길인 '일본도', 그리고 거란으로 가는 '거란도'입니다. 이 길을 통해 여러 나라 상인들이 발해를 오가며 무역을 했습니다. 발해도 이 길로 인삼, 꿀 같은 약재나 담비 가죽과 말 등을 수출하고, 여러 나라의 특산물을 수입했지요. 발해 5도는 다양한 문화가 수입되는 통로이기도 했습니다. 그리하여 발해의 수도인 상경 용천부는 다양한 문화가 공존하는 국제도시가 되었습니다. 발해는 신라가 후삼국으로 갈라져 혼란스러울 때에도 번성했습니다. 그러나 926년, 몽골의 초원 지대에서 이동해 온 거란에게 삽시간에 멸망당했습니다. 230여 년의 역사를 가진 발해가 멸망함으로써 만주 지역은 우리 역사에서 사라지게 되었습니다. 이후 발해 유민 중 일부는 고구려를 계승한 고려에 가서 살았습니다.

당나라로 가는 조공도와 영주도

발해 사신들은 바다를 건너 당나라로 갔는데, 이 길이 '조공도'입니다. 조공도는 서경 압록부를 지나 발해만을 건너 산둥 반도의 덩저우에 상륙해 당나라의 수도인 장안으로 들어가는 길이지요. 발해는 해마다 이 길을 통해 당나라에 조공을 바쳤습니다. '영주도'는 장령부를 출발하여 영주를 거쳐 중국으로 들어가는 육지 길입니다. 영주도는 대조영이 처음 중국과 교류하면서 만들어졌습니다. 이후 영주도는 당나라와의 무역로로 이용되었으나, 돌궐과 거란 등 유목 민족의 방해가 심했습니다. 그래서 발해 상인들은 주로 안전한 바닷길인 조공도를 이용했습니다.

> **특산물**
> 발해의 특산물은 담비, 호랑이, 표범, 곰, 말곰, 토끼, 쥐 등의 가죽과 인삼, 우황, 사향, 꿀 등의 약재 그리고 고래, 매, 말, 구리 등이었습니다. 발해 상인들은 이를 비단 등의 직물이나 금은으로 만든 그릇과 바꾸었지요. 특히 발해의 명마는 덩저우와 칭저우에서 많이 거래되는 특산품이었습니다.

거란도

발해는 거란과도 교역을 했는데, 이를 위해 '거란도'를 닦았습니다. 거란도는 옛날 부여가 있던 지린 지방의 부여부에서 랴오허 강 상류로 향하는 길입니다. 거란도는 거란군이 발해를 공격하여 멸망시킬 때에도 이용되었을 것으로 생각됩니다.

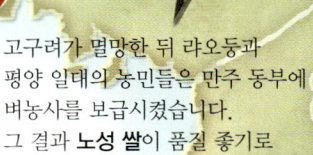

고구려가 멸망한 뒤 랴오둥과 평양 일대의 농민들은 만주 동부에 벼농사를 보급시켰습니다. 그 결과 **노성 쌀**이 품질 좋기로 유명했습니다.

신라의 혼란과 후삼국 성립

통일 뒤 200여 년이 지나자 신라는 몰라보게 허약해졌습니다. 왕과 귀족들은 백성들이 피땀 흘려 지은 곡식을 거둬들여 사치와 놀이로 세월을 보냈고, 왕위를 차지하기 위해 서로 세력 다툼을 벌였습니다. 게다가 골품제로 인해 능력 있는 인재가 골고루 등용되지 못하면서, 신라는 점차 활기를 잃어 갔습니다. 백성들은 힘들여 농사를 지어도 귀족들에게 빼앗기고 나면 먹을 게 없었지요. 지친 백성들은 농토를 떠나 떠돌아다니기 시작했고, 불만을 가진 무리들이 들고 일어나면서 신라는 불안에 휩싸였습니다. 이 틈을 타 지방의 힘 있는 호족들은 자신을 성주나 장군이라 부르며 세력을 불리기에 열심이었지요.

신라에서 마음이 떠난 백성들은 성주나 장군 밑에 들어가 새로운 세상이 오기를 꿈꾸었습니다. 이들 가운데 옛날의 백제와 고구려를 다시 이으려는 사람들이 있었는데, 견훤, 궁예, 왕건 등이 대표적인 인물입니다. 견훤은 무진주(오늘날의 광주광역시)를 중심으로 일어나 후백제를 세웠습니다. 얼마 뒤 궁예가 후고구려(뒷날 태봉)를 세우면서 다시 신라, 후고구려, 후백제로 나뉘게 되었습니다.

호족

중앙 정부의 통제력이 느슨해진 사이, 지방에서는 '호족'들이 조심스럽게 세력을 키워 나갔습니다. 호족은 대대로 그 지방에 살던 촌주, 해상 무역을 하면서 돈을 번 상인, 변경 지방을 수비하며 힘을 키운 군인 등이었지요. 이들은 백성들의 땅을 빼앗아 큰 농장을 경영하면서 군대를 양성해 큰 세력으로 성장했습니다. 호족들은 골품제의 장벽에 막혀 불만이 가득하던 6두품들을 참모나 스승으로 삼았습니다. 막강한 군대를 가진 호족과 6두품이 결합하면서, 신라 사회는 전쟁의 소용돌이에 휘말리게 되었습니다.

농민들의 반란

무거운 세금에 짓눌린 신라 백성들은 집을 떠나 떠돌기 시작했습니다. 신라에는 빈집이 많아졌고, 자연히 나라 곳간도 비어 갔습니다. 그러자 도망친 집의 세금을 옆집에 물리는 일까지 일어났고, 견디지 못한 농민들은 들고 일어나기 시작했습니다. 맨 처음, 사벌주(오늘날의 경상북도 상주시)에서 원종과 애노가 반란을 일으켰습니다. 얼마 지나지 않아 나라 곳곳에서 반란이 일어났지요. 옛 백제 땅에서는 농민들이 붉은 바지를 입고 반란을 일으켰습니다. 대동강 유역과 경주 근처에서도 수많은 농민들이 신라 왕실에 대항했습니다.

견훤과 후백제

견훤은 사벌주 가은현(오늘날의 경상북도 문경시)에서 아자개의 아들로 태어났습니다. 견훤은 태어날 때부터 체격과 용모가 장대하고, 기개가 호방했습니다. 스무 살 무렵 군대에 들어간 견훤은 금세 장수가 되었습니다. 전라도 해안 지방에서 근무하던 견훤은 농민 봉기가 일어나자 여러 고을을 돌아다니며 세력을 모았습니다. 견훤은 가는 곳마다 환영을 받아 한 달 사이에 무려 5000여 명의 무리를 거느리게 되었습니다. 900년에 견훤은 완산주(오늘날의 전라북도 전주시)에 도읍을 정하고, 백제 왕국의 영광을 되살리겠다며 나라 이름을 '후백제'라고 했습니다. 그로부터 얼마 안 되어 견훤은 옛 백제 영토의 대부분을 차지할 정도로 세력을 넓혔습니다.

궁예와 후고구려

궁예는 신라 제47대 헌안왕 또는 제48대 경문왕의 아들이었을 것으로 생각됩니다. 궁예가 태어날 때 지붕에 긴 무지개처럼 흰빛이 서려 있었는데, 이를 본 왕이 나라에 해가 될 징조로 여겨 자객을 보냈습니다. 가까스로 생명을 건진 궁예는 열 살 무렵 세달사로 가서 중이 되었지만, 불도를 닦기보다는 돌아다니며 세상 구경을 했습니다. 신라에 심한 반감을 가졌던 궁예는 절망에 빠진 백성들을 보면서 새로운 세상을 꿈꾸었습니다. 절을 나온 궁예는 강원도 지방에서 세력을 떨치고 있던 양길을 찾아갔지요. 양길 밑에서 힘을 키운 궁예는 철원에 둥지를 틀고 주변 호족들을 하나하나 평정한 뒤, '후고구려'를 세웠습니다.

왕건

왕건의 집안은 송악(오늘날의 황해북도 개성시)에 둥지를 틀고 중국을 오가는 해상 무역으로 돈을 벌었습니다. 궁예가 세력을 떨치자 궁예 밑으로 들어간 왕건은 재능을 발휘해 큰 공을 세웠습니다. 오늘날의 경기도와 충청도 일대를 손에 넣었으며, 903년에는 뱃길로 당시 후백제의 영토였던 금성(오늘날의 전라남도 나주시)을 공격하여 점령했습니다. 궁예는 기뻐하며 왕건을 높은 벼슬에 앉혔지요. 왕건은 20여 년 동안 궁예에게 몸을 맡긴 채 서서히 힘을 길렀습니다.

▼ 포석정, 사적 제1호

--- 점선은 10세기 초 후삼국의 영역을 표시한 것입니다.

● 삼국 시대 ~ 후삼국 시대 ●
역사, 한눈에 따라잡기

서기전 57년	박혁거세가 신라를 세움
서기전 37년	부여에서 내려온 주몽이 고구려를 세움
서기전 18년	온조가 위례성에 자리를 잡고 백제를 세움
42년	김수로가 구야국을 세움
194년	고구려, 진대법을 실시함
260년	백제의 고이왕, 16관등과 공복을 제정함
313년	고구려, 낙랑군을 멸망시킴
372년	고구려에 불교가 전래됨
384년	백제에 불교가 전래됨
427년	고구려의 장수왕, 평양으로 도읍을 옮김
433년	신라와 백제의 동맹이 성립됨
475년	고구려가 백제의 도읍인 한성을 함락시킴, 백제가 웅진으로 도읍을 옮김
512년	신라, 이사부가 우산국을 정벌함
520년	신라, 국호와 왕호를 정함

527년 ● 신라, 불교를 공인함

532년 ● 금관가야, 신라에 항복함

538년 ● 백제, 도읍을 사비성으로 옮김

562년 ● 대가야의 항복으로 가야 연맹이 모두 멸망함

598년 ● 고구려, 수나라 문제가 이끄는 30만 대군을 물리침

612년 ● 고구려, 수나라 양제가 이끄는 113만 대군을 물리침

660년 ● 사비성이 함락되면서 백제가 멸망함

668년 ● 보장왕이 나당 연합군에게 항복함으로써 고구려가 멸망함

676년 ● 신라가 당나라를 대동강 이남에서 몰아내고 삼국을 통일함

698년 ● 대조영이 고구려 유민을 이끌고 동모산에 가 나라를 세우고 '진'이라 함

713년 ● 대조영, 국호를 진에서 발해로 바꿈

900년 ● 견훤이 후백제를 세움

901년 ● 궁예가 후고구려를 세움

찾아보기

ㄱ
가라바퀴 7
가물성 33
가야 13, 18, 21, 22, 24~25
가은현 46~47
각저도 27
각저총 27
간석기 6
간접떼기 5
갈돌 6
갈판 6
강주 41
개로왕 19
개모성 23
개운포 43
거란 20, 38, 44
거란도 44
건안성 23
걸걸중상 38
검모잠 37
검은모루 동굴 4
견훤 46~47
경덕왕 30, 45
경문왕 47
경순왕 40
경애왕 47
계림 22
계림도독부 36~37
계백 34
고구려 13, 16~17, 18~19, 20, 22, 24, 26, 32~33, 34, 36~37, 38, 44, 46
고국양왕 20
고국원왕 18~19, 20
고려 40, 44
고령가야 25
고산리 7
고연무 37
고인돌 8~9, 11
고조선(옛 조선) 10~11, 12, 16
고흥 19
골품제 22~23, 46
공산 싸움 47
과하마 13
관료전 41
관산성 23
관창 34
광개토대왕 20~21, 24
광개토태왕릉비 21
괘릉 42
구려 16
구멍무늬 토기 13
9산 선문 41
9서당 40
9주 5소경 40~41
구석기 4~5
구야국 13, 24
구지봉 25
구형왕 23, 24
구황동 3층 석탑 31
국내성 17, 21, 33
궁남지 19

궁산리 7
궁예 46~47
그물 무늬 토기 7
근초고왕 18~19, 28~29
긁개 5
금관가야 23, 24~25, 41
금관경 40~41
금관군 41
금관총 23
금굴 4
금동 미륵보살 반가 사유상 29
금동 대향로 29
금마저 35, 37
금성 21, 22, 35, 40~41, 42, 47
기벌포 34~35, 36~37
기토라 고분 27
김대성 31
김삼광 35
김수로왕 25
김알지 22
김유신 24, 34~35
김춘추 34~35
김품일 34
김흠춘 34

ㄴ
나당 연합군 34
나성 29
나정 17
낙동강 12, 18, 22
낙랑군 20
낚싯바늘 거푸집 9
남건 35
남부여 19
남북국 시대 38
남산 35
남생 35
남성자 13
남소성 33
남시 42
남양만 20
남원경 40~41
남천정 35
남해부 39, 45
낭혜화상 백월보광탑비 41
내물왕 22
널무덤 13
노관 11
노성 45
녹야원 43
녹읍 41
논어 29
농경문 청동기 8
눌러떼기 5
눌지왕 30
능산리 29

ㄷ
다락집 18
단군 10~11

단양 적성비 23
담비 길 45
담징 27
당나라 26, 32~33, 34~35, 36~37, 38~39, 42~43, 44~45
당성진 43
당항성 35, 43
대가야 22~23, 24~25
대릉원 23
대방군 20~21
대성동 고분군 24~25
대식국 43
대야성 35
대왕암 36
대조영 38, 44
대현동 동굴 4
덕물도 35
덧띠 토기 11
덧무늬 토기 7
덩이쇠 13, 18, 25, 29
도침 36
돌팽이 6
돌궐 26, 32, 36, 38, 44
돌궐비 26
돌보습 6
동경 39, 45
동남아시아 42
동단산 13
동맹 12
동모산 38~39
동부여 16, 21
동시 42
동예 12~13, 25
동진 28
동평부 39, 45
득리사산성 33
뗀석기 5

ㄹ
랴오닝 8
랴오닝 성 17, 26, 32
랴오둥 28, 33, 37, 44
랴오허 28, 32, 37
랴오양 32, 38~39
랴오허 강 20, 32, 38, 44

ㅁ
마운령비 23
마한 12~13, 18
막리지 33
막힐부 39, 45
만주 10, 12, 21, 33, 38, 44~45
말갈 18, 38~39
말이산 고분군 24
매소성 36~37
명신상 43
모루떼기 5
목곽묘 17
목저성 33

목지국 12~13
몽골 26, 44
몽촌토성 17
무구정광 대다라니경 41
무령왕 19, 29
무령왕릉 19, 28~29
무열왕 35
무왕(백제) 19, 34
무왕(발해) 38~39
무용총 27
무인상 42
무진주 41, 46~47
무천 12
묵호자 30
문무왕 22, 31, 36~37, 40
문왕 38~39, 44
미륵사 28
미륵사 터 석탑 28
미사리 백제 마을 18
미송리형 토기 11
미천왕 20~21
미추왕릉 23, 43
미추홀 16~17
미타 호 45
민며느리제 13

ㅂ
박작성 33
박혁거세 13, 17
반구대 암각화 9
반굴 34
발해 38~39, 42, 44~45
발해 5도 44~45
백강 36~37
백두산 7, 39
백암성 32~33
백제 13, 16, 18, 21, 22~23, 25, 28, 29, 34, 36~37, 46
백제 관음상 29
백제국 13
백제기 19
백제본기 19
백제신찬 19
범금 8조 10
범일 스님 41
법민 35
법화원 43
법흥왕 22~23, 24, 30
변한 12~13
보덕국 37
보장왕 33
복신 36~37
봉상왕 20
부소산성 19
부아악 17
부여 12~13, 16, 21
부여부 38, 44
부여성 33
부여 풍 36~37
부조예군 13
북부여 16

북원경 40~41
북중국 21
북한산비 23
분황사 31
불교 20, 22~23, 26~27, 30, 43
불국사 31, 41
불꽃무늬 굽다리 접시 24
비류 16~17
비류수 17
비사성 33
비파형 동검 9
빗살무늬 토기 7

ㅅ
사굴산문 41
사로국 13, 17
사마르칸트 26
사벌주 41, 46
사불정토도 27
사비 19
사비성 34~35, 37
살수 32~33
살수 대첩 32
삼국사기 16
삼한 12~13
상경 39, 44~45
상경성 39, 45
상대등 40
서경 39, 44~45
서기 19
서봉총 23
서산 마애 삼존불상 28
서시 42
서아시아 26, 43
서안평 21, 33
서원경 40~41
석가모니 39, 43
석가탑 41
석굴암 27, 31
선덕여왕 30~31, 37
선덕여왕릉 31
선돌 9
선성산성 33
선왕 38~39
설오유 37
성골 23
성덕대왕 신종 30
성덕왕 30, 43
성산가야 24~25
성왕 19, 23, 28
성주산문 41
성충 34
세달사 47
세형동검 9
소라리 토성 13
소서노 16
소수림왕 20, 26
소지왕 30
솔빈부 39, 45
송국리형 토기 9
송림사 5층 벽돌탑 43

송산리 고분군 19
쇼소인 41, 43
쇼토쿠 태자 27, 29
수나라 27, 32~33
수미산문 41
수약주 41
순장 23
승리산 동굴 4
시 11
시경 29
시전 42
시중 40
신단수 11
신라 13, 18, 21, 22~23, 24, 27, 30, 34, 36~37, 40~41, 42~43, 44~45, 46~47
신라도 44~45
신라방 42~43
신문왕 31, 40
신석기 4, 6~7, 8
신성 33, 37
신숭겸 47
신시 11
10정 40
실크로드 26
쌍계사 41
쑹화 강 12~13, 33

ㅇ

아라가야 24~25
아라비아 26, 42
아사달 10~11
아자개 46
아프라시압 26
안동도호부 36~37
안변부 39, 45
안승 36~37
안시성 32~33, 37
안악 3호분 27
안압지 22, 31, 40, 43
안원부 39, 45
압록강 12, 16, 20
압록부 38, 44
양길 47
양만춘 32
양직공도 29
양쯔 강 28
역경 29
연가 7년명 금동 여래 입상 27
연개소문 33, 35
연나라 11
연해주 20, 38~39, 44~45
염장 42
염주 45
영고 12
영낙랑태수 28
영류왕 33
영산강 18~19
영양왕 32
영주 26, 38
영주도 44

예기 29
예빈도 26
오경박사 29
5경 15부 62주 39
오고산성 33
오골성 33
오녀산성 17
오우진 18
오회분 4호묘 26
옥저 12~13
온조 16~17
옹관 무덤 19
완산주 41, 46
왕건 40, 46~47
왕검성 11
왕오천축국전 43
왕인 28~29
용곡리 동굴 4~5
용원부 39, 45
용장사 3층 석탑 31
용천부 39, 44~45
우거왕 10
우륵 24
우산국 23
우태 16
운강 석불 27
움집 6~7, 13, 18
웅녀 10
웅진도독부 36~37
웅진성 19, 35, 37
웅천주 41
월광사 24
월광 태자 24
월성 22, 30, 40
위례성 16
위만 10~11
유라시아 26
유리왕 17
6두품 23, 46
육정산 39
율령 20, 22
융 35
을지문덕 32
의자왕 34~35, 36
이사부 22~23
이소노카미 신궁 18
이차돈 30
이현의 묘 26
아유타국 25
일본 13, 18, 21, 25, 26~27, 28~29, 37, 38, 41, 42~43, 45
일본도 44~45
일본서기 19
임존성 36~37
임진강 20
임해전 22

ㅈ

자르개 5
자장 30, 37
장대끝방울 9

장령부 38, 44
장륙삼존 금불상 37
장문휴 38
장보고 42~43
장수왕 20~21, 28
전구형왕릉 24
전연 21
전진 26
점말 동굴 4
정리부 39, 45
정림사 28
정림사 터 5층 석탑 28, 35
정백동 1호 무덤 13
정혜 공주 39
정효 공주 39
조공도 44
조선 10
조양동 38호분 13
조우관 26
졸본 16
주류성 36~37
주먹도끼 4~5
주몽(동명성왕) 16~17
주작대로 39
죽령 20, 35
죽막동 28
준왕 10~11
중개 무역 11
중경 39, 45
중앙아시아 26, 42~43, 45
중원경 40~41
중원 고구려비 21
지증왕 22~23
직접떼기 5
진감선사 대공탑비 41
진골 23, 42
진국 38
진대법 20
진왕 13
진평왕 30, 37
진한 12~13, 17, 22
진흥왕 22~23, 30
집사부 40
찌르개 5
찍개 5

ㅊ

창녕 22
창녕비 23
책화 13
처용암 43
천리장성 32~33
천마도 31
천마총 31
천문령 38~39
천복 35
천사옥대 37
천자문 29
천축국(인도) 43
철광석 12
철기 12, 16~17, 18, 24

칠리부 39, 45
첨성대 22, 31
청동 가위 43
청동 거울 8
청동 방울 8
청동기 4, 8, 9, 24
청동기 시대 8~9, 10, 17
청해진 42~43
초두 19
촌락 문서 41
춘추 29
치양성 18~19
칠불암 마애 불상군 31
칠중성 37
칠지도 18

ㅋ

쿠시나가라 43
크라스키노 성 45

ㅌ

탁순국 24
탄항관문 45
탄현 34~35
탈해왕 22
태백산 11
태자 수 18~19
태조 이성계 10
태학 20
토번 36
토우 23

ㅍ

파사 석탑 25
파사왕 22
팔공산 47
팔련성 터 39
페르시아 43
펠리오 43
평양성 18~19, 21, 28, 33, 35
평주 37
포석정 31, 47
품주 40
풍납토성 16, 19

ㅎ

하서주 41
한나라 10~11, 16, 25
한산 17
한산주 41
한성 19, 21, 37
해동성국 39
해동증자 34
해상 왕국 28
해신과 달신 26
허황옥 25
현안왕 47

헤이룽장 성 39
현덕부 39, 45
혜공왕 30
혜소 41
혜초 43
호공 22
호류 사 27, 29
호우총 21
호족 46~47
홀한성 45
환웅 10~11
환인 10~11
활석 9
황남대총 23
황룡사 30, 37
황룡사 9층탑 30, 37
황산벌 34~35
황초령비 23
회원부 39, 45
효소왕 31
후고구려 46~47
후백제 46~47
후삼국 44, 46~47
후연 20
흉노 11
흑수 말갈 39
흑요석 7
흑치상지 36
흥덕왕 42~43
홍수 34
홍수아이 4

참고 자료

강인구 외, 2002, 《역주 삼국유사 1》, 이회출판사
강인희, 1978, 《한국 식생활사》, 삼영사
강종훈, 2005, 《아! 그렇구나 우리역사 4- 백제》, 여유당
고구려연구재단, 2005, 《고조선·단군·부여》
고구려연구재단, 2005, 《다시 보는 고구려사》
고려대학교 박물관, 2005, 《한국 고대의 Global Pride, 고구려》, 통천문화사
고려대학교 한국사연구실, 2002, 《한국사의 재조명》, 고려대학교 출판부
교육인적자원부, 2002, 《중학교 국사》
교육인적자원부, 2003, 《고등학교 국사》
국립경주박물관, 2002, 《고고관》
국립경주박물관, 2006, 《국립경주박물관 - 박물관 들여다 보기》
국립공주박물관, 2001, 《백제 사마왕-무령왕릉 발굴, 그후 30년의 발자취》
국립김해박물관, 2009, 《국립김해박물관 들여다보기》
국립부여박물관, 2006, 《박물관 들여다보기》
국립제주박물관, 2002, 《고대의 말》
국립중앙박물관, 2005, 《national museum of korea》
국립중앙박물관, 2005, 《즐거운 역사 체험 어린이박물관》, 웅진주니어
국사편찬위원회, 1987, 《중국정사조선전역주 1》
국사편찬위원회, 1997, 《한국사 2-11》
김경복, 2008, 《상위 5%로 가는 역사탐구교실 10-문물교류사》, 스콜라
김경복, 2008, 《상위 5%로 가는 역사탐구교실 1-고대사》, 스콜라
김경복·이희근, 2010, 《이야기 가야사》, 청아출판사
김용만·김준수, 2005, 《지도로 보는 한국사》, 수막새
김권용·안휘준, 2006, 《한국 미술의 역사》, 시공아트
김정배, 1993, 《한국 민족문화의 기원》, 고려대학교 출판부
김정배, 2000, 《한국 고대사와 고고학》, 신서원
김철준, 1975, 《한국 고대사회 연구》, 지식산업사
김태식, 1993, 《가야 연맹사》, 일조각
나희라·김태식, 2005, 《아! 그렇구나 우리역사 5- 신라·가야》, 여유당
노중국, 1988, 《백제 정치사 연구》, 일조각
노태돈 편저, 2000, 《단군과 고조선사》, 사계절
노태돈, 2000, 《고구려사 연구》, 사계절
박은봉, 2006, 《사진과 그림으로 보는 한국사 편지 1, 2》, 웅진주니어
복천박물관, 2005, 《선사·고대의 요리》
사회과학원 역사연구소, 1993, 《발해사》, 한마당
서울대학교 박물관, 1997, 《서울대학교박물관 발굴유물도록》
서울역사박물관, 2002, 《풍납토성-잃어버린 왕도를 찾아서》
송호정, 2005, 《아! 그렇구나 우리 역사 1- 원시 시대》, 여유당

송호정, 2005, 《아! 그렇구나 우리 역사 2- 고조선·부여·삼한》, 여유당
송호정·송기호, 2006, 《아! 그렇구나 우리 역사 6- 발해》, 여유당
신형식 외, 2002, 《신라인의 실크로드》, 백산자료원
신형식, 2003, 《고구려사》, 이화여자대학교 출판부
여호규, 2005, 《아! 그렇구나 우리 역사 3- 고구려》, 여유당
윤명철, 2003, 《한국 해양사》, 학연문화사
윤이흠 외, 2001, 《단군-그 이해와 자료》, 서울대학교 출판부
이기백·이기동, 1998, 《한국사 강좌 1-고대편》, 일조각
이문기 외 12인, 2010, 《중학교 역사부도》, 두산동아
이성우, 1994, 《동아시아 속의 고대 한국식생활사 연구》, 향문사
이야기 한국역사 편집위원회, 2005, 《이야기 한국역사 1-3》, 풀빛
이이화, 2004, 《한국사 이야기 1-4》, 한길사
이종욱, 2004, 《한국사의 1막 1장 건국 신화》, 휴머니스트
이형구, 2004, 《백제의 도성》, 주류성
전국역사교사모임 외, 2006, 《마주보는 한일사 1》, 사계절
전국역사교사모임, 2002, 《살아있는 한국사 교과서 1》, 휴머니스트
전국역사교사모임, 2010, 《행복한 한국사초등학교》, 휴먼어린이
전호태, 2001, 《고구려 고분벽화 연구》, 사계절
정구복 외, 2002, 《역주 삼국사기 1, 2》, 한국정신문화연구원
정수일, 2006, 《한국 속의 세계(상)》, 창비
정영호 감수, 1999, 《그림과 명칭으로 보는 한국의 문화유산》, 시공테크
정재정, 2011, 《중학교 역사(상)》, 지학사
조선유적유물도감 편찬위원회, 2000, 《북한의 문화재와 문화유적 1~3》, 서울대학교 출판부
조선유적유물도감편찬위원회, 1993, 《조선유적유물도감 3-고구려편 1》, 민족문화
《초등학교 사회(5학년)》
《초등학교 사회과부도》
최근식, 2005, 《신라 해양사 연구》, 고려대학교 출판부
최무장·임연철 편저, 1992, 《고구려 벽화 고분》, 신서원
테마한국사 편찬위원회, 2005, 《테마 한국사》, 한솔교육
한국고고학사전편찬위원회, 2001, 《한국 고고학 사전》, 국립문화재연구소
한국교원대학교 역사교육과, 2004, 《아틀라스 한국사》, 사계절
한국민족문화대백과 편찬부, 1995, 《한국 민족문화 대백과사전》, 한국정신문화연구원
한국생활사박물관 편찬위원회, 2000, 《한국 생활사박물관 1-6》, 사계절
한국역사연구회, 1995, 《한국 역사 입문 1》, 풀빛
한국역사연구회, 2002, 《역사 문화 수첩》, 역민사
황재기 외, 2000, 《중학교 사회과부도》, (주)교학사

사진 제공

국립경주박물관(경박 201205-829)
국립공주박물관
국립김해박물관
국립부여박물관
국립중앙박물관(중박 201205-2781)
doopedia PhotoBox
연합뉴스

*본 도서의 사진은 저작자와의 협의를 통해 실었으므로, 사진 저작권은 모두 저작권자에게 있습니다.
사진의 무단 복제 및 무단 전재를 금합니다. 저작자를 찾지 못한 사진은 저작권이 확인되는 대로 협의하겠습니다.

글 김경복
단국대학교 사학과를 졸업하고, 고려대학교 대학원에서 〈고분 벽화에 나타난 고구려인의 식생활〉로 석사 학위를 받았습니다. 우리 역사와 유물에 많은 관심을 가지고 대중들에게 쉽게 다가갈 수 있는 역사서를 쓰고자 노력하고 있습니다. 저서로는 《이야기 가야사》(공저), 《옛날 사람들은 어떤 민속신앙을 가졌을까?》, 《우리 건국 신화에는 어떤 이야기가 담겨 있을까?》, 《상위 5%로 가는 역사탐구교실 1-고대사》, 《상위 5%로 가는 역사탐구교실 10-문물 교류사》, 《옛날에도 약속을 잘 지켰을까?》, 《옛날에도 자동차를 탔을까?》, 《리더십 학교》(공저), 《과학자 열전》(근간) 등 여러 권이 있습니다.

글 홍영분
단국대학교에서 역사를, 미국 미주리 주립 대학교 대학원에서 국제외교정치를 공부했습니다. 지은 책으로는 《정약용 이야기》(근간), 《똑똑한 젓가락》(근간) 등이 있고, 《붉은 스카프》, 《지도를 만든 사람들》, 《우리 집은 아프리카에 있어요》 등의 외국 책을 우리말로 옮겼습니다. '어린이를 위한 지도로 보는 한국사' 시리즈를 통해 어린이들이 앞뒤가 이어지는 역사의 큰 흐름을 보게 되기를 바라는 마음으로 썼습니다.

감수 이이화
오랜 세월 한국사를 연구해 온 역사학자입니다. 1937년 대구에서 태어났고, 어려서 아버지에게 한문을 배우다가 늦게야 광주고등학교를 졸업했습니다. 서울에 올라와 대학에서 문학을 공부하면서 한국학에 관심을 갖게 된 뒤, 줄곧 한국사 연구와 글쓰기에 몰두했습니다. 역사문제연구소 소장, 〈역사비평〉 편집인, 동학농민혁명기념재단 이사장, 고구려역사문화보전회 이사장 등을 역임하며 실천적 역사 운동에 앞장섰습니다. 또한 서원대학교 석좌교수로 있으면서 학생들에게 역사를 가르쳤습니다. 지은 책으로는 방대한 한국 통사인 《이이화 한국사 이야기》(전 22권)를 비롯해, 《녹두 장군, 전봉준》, 《인물로 읽는 한국사》(전 10권), 《이이화 주서전 역사를 쓰다》, 《이이화 선생님이 들려주는 만화 한국사》(전 9권) 등이 있습니다.

그림 강동훈
추계예술대학에서 동양화를 공부했습니다. 2000년 출판미술대전에서 그림 동화 부문 특선을 수상했으며, 지금은 그림책 그림 작가로 활동 중입니다. 작품으로는 《쌈닭》, 《불가사리》, 《아빠와 나의 특별한 비밀》, 《절렁구 짝짝 절렁구 짝짝》, 《천년 도읍 경주》, 《누가 쓰던 물건일까》, 《백제의 꿈》 등이 있습니다.

지도 임근선
서울시립대학교에서 시각디자인을 전공하고 지금은 여러 책에 그림과 지도를 그리고 있습니다. 이 책을 보는 어린이들이 우리의 국토와 역사를 보다 쉽게 이해하고 자랑스럽게 여기길 바라며 작업했습니다. 그동안 그린 책으로는 《손에 잡히는 사회 교과서-지형과 생활》, 《살아 있는 지리 교과서》, 《체육 시간에 과학 공부하기》, 《행복한 한국사 초등학교》, 《재미있는 물질 이야기》 등이 있습니다.